Tercera edición Marzo 2025

Dart

Programe fácil

Haga sus apps con Flutter

```
void main() => print("Hola Mundo");
```

Dart

Programe fácil

Tercera edición: 11 de Marzo del 2025

Derechos reservados: Luis Alonso Ayala Ponce

Contacto: Luis Alonso Ayala Ponce

Teléfono: (504) 94788228

Correo electrónico: luisayala2022@yahoo.com

medicalsoftware2018@gmail.com

Sitio web: ventanamedica.com

Dedicatoria

"Agradezco a Dios por permitir, a mi edad (63) y a pesar de los desafíos de salud, seguir creando contenido útil. Expreso mi gratitud a todos los que me rodean, incluyendo personas, plataformas, hardware, software y mis propios recursos, por su apoyo en la planificación, ejecución y publicación de cada proyecto relacionado con la programación, con el objetivo de hacer la vida más fácil a los demás."

Luis Ayala

INDICE

Introducción

DART, es un lenguaje de programación orientado a objetos, de código abierto desarrollado por Google, por Lars Bak, Kasper Lund y Gilad Bracha, inicialmente llamado Dash, irrumpió en la escena tecnológica al ser presentado en la conferencia Goto en Aarhus Dinamarca el 10 de octubre del 2011, siendo la primera versión estable, la 1.0 lanzada en noviembre del 2013. La ultima versión es la 3.7 publicada el 12 de febrero del 2025.

Inicialmente concebido para el desarrollo web, Dart ha experimentado un auge en popularidad en los últimos años gracias a su papel central en Flutter, el SDK de Google para la creación de aplicaciones móviles multiplataforma (iOS , Android, macOS, Windows, Linux y la Web)., Dart es el lenguaje de Flutter.

Con una sintaxis familiar para quienes conocen C#, Java o JavaScript, Dart se basa en conceptos fundamentales como variables, clases, funciones, métodos y constructores, junto con expresiones de control de flujo, comentarios y bloques de código.

Dart tiene los pilares de la programación orientada a objetos(POO), herencia, abstracción, encapsulación y polimorfismo; lo que lo ubica al nivel de competencia con otros lenguajes en cuanto a su capacidad para permitir el desarrollo desde apps sencillas a complejas.

Ofrece un ecosistema rico en herramientas que facilitan el aprendizaje y el desarrollo. Desde DartPad, un entorno online para escribir y ejecutar código, hasta un conjunto completo de librerías y paquetes, tanto internos como externos, Dart proporciona a los desarrolladores los recursos necesarios para construir aplicaciones de alto rendimiento. Además, el software de Dart se puede descargar e instalar localmente para un desarrollo más robusto, no obstante si se programa con Flutter, el SDK para desarrollo de apps multiplataforma ya incluye el lenguaje Dart, por lo que no es necesario descargar por separado por que podría causar conflictos al haber dos versiones.

Para aquellos interesados en Flutter, existen entornos de desarrollo integrados (IDE) populares como Android Studio, IntelliJ IDEA y Visual Studio Code que brindan una experiencia de desarrollo optimizada. En este libro se usa Android Studio como entorno de desarrollo, no obstante tu eres libre de usar otro editor como Visual Studio Code y veras que las diferencias en el desarrollo son insignificantes.

Este libro está diseñado para una amplia audiencia, desde principiantes sin experiencia previa en programación hasta expertos que buscan ampliar sus conocimientos en Dart. Con un enfoque conciso y práctico, se abordan los conceptos más relevantes y útiles, ofreciendo a los lectores la oportunidad de aplicarlos a través de ejemplos y ejercicios.

Si bien aquellos con experiencia en Java, Java Script y C# encontrarán familiaridades que facilitarán su aprendizaje, el libro también ofrece valiosos conocimientos para quienes se inician en el mundo de la programación.

¿Estás listo para sumergirte en el dinámico mundo de Dart y descubrir su potencial para el desarrollo de aplicaciones?

¿Te gustaría dominar las bases de este lenguaje versátil y construir una base sólida para tu futuro como programador?

¿Quieres explorar las posibilidades que ofrece Dart para la creación de aplicaciones web y móviles atractivas y eficientes?

¿Estás preparado para aprovechar las herramientas y recursos disponibles en el ecosistema de Dart y llevar tus habilidades al siguiente nivel?

¿Te entusiasma la idea de formar parte de la creciente comunidad de desarrolladores Dart y contribuir al futuro de la tecnología?

Tienes el libro correcto para aprender el lenguaje Dart que junto a sus libros hermanos con un solo objetivo (Serie de 8 libros sobre Dart, Flutter y Android Studio) te prepararan para obtener grandes satisfacciones al desarrollar tus propias apps, con un solo código para iOS, Android, Mac, Windows y la Web.

Si combinas la teoría con la practica te volverás un experto, ¡Adelante!

Capítulo 1 — Comentarios

Objetivos

Al finalizar este capítulo, serás capaz de:

- Comprender la importancia de los comentarios en el código Dart.

- Utilizar correctamente los comentarios de una sola línea y multilínea.

- Escribir comentarios de documentación para generarla automáticamente.

- Aplicar las mejores prácticas para escribir comentarios efectivos.

Introducción

Los comentarios en los lenguajes de programación son esenciales para explicar el código, proporcionar contexto y facilitar la comprensión tanto para el autor como para otros desarrolladores. En Dart, existen tres tipos de comentarios: de una sola línea, multilínea y de documentación.

Para este capítulo, y para muchos de los ejercicios de este libro, utilizaremos DartPad, una herramienta online que te permite escribir y ejecutar código Dart directamente en tu navegador. ¡No necesitas descargar ningún software adicional!.

Comentarios de una sola línea

Los comentarios de una sola línea se utilizan para añadir información breve y concisa en el código. Se inician con dos barras inclinadas (//) y todo el texto que sigue en la misma línea será ignorado por el compilador de Dart.

Ejemplo en DartPad:

1. Abre DartPad en tu navegador: dartpad.dev

2. Borra el código que aparece por defecto.

3. Escribe el siguiente código:

```
// Este es un comentario de una sola línea que explica la siguiente línea de código
 void main(){
print('Hola Mundo');
 }
```

4. Haz clic en el botón "Run" para ejecutar el código. Verás el resultado en la consola de DartPad.

Comentarios multilínea

Los comentarios multilínea son útiles para documentar secciones de código más extensas o añadir explicaciones detalladas. Se inician con /* y terminan con */. Todo el texto entre estos delimitadores, incluso si abarca varias líneas, será ignorado por el compilador.

Ejemplo en DartPad:

1. En DartPad, escribe el siguiente código:

```
//El area resultante es 1364
/*
Este es un comentario multilínea que explica el propósito de la siguiente
función.
La función calcularArea calcula el área de un rectángulo.
Recibe dos parámetros: base y altura.
Retorna el área del rectángulo.
*/
void main() {
  double base = 62;
  double altura = 22;


  //Comentraio unilinea


  double area = base * altura;


  ///Comentario de documentacion.
  print(area);
```

```
//El area resultante es 1364

/*
Este es un comentario multilínea que explica el propósito
de la siguiente función.
La función calcularArea calcula el area de un rectángulo
Recibe dos parámetros: base y altura.
Retorna el area del rectángulo
*/

void main() {
    double base = 62;
    double altura = 22;

    //Comentario unilínea

    double area = base * altura;

    ///Comentario de documentación
    print(area);
    }
}
```

Buenas prácticas para escribir comentarios

- Claridad y concisión: Los comentarios deben ser fáciles de entender y no contener información redundante.

- Propósito: Explica el "por qué" del código, no solo el "qué" hace.

- Actualización: Mantén los comentarios actualizados cuando modifiques el código.

- Comentarios significativos: No comentes cada línea de código, solo las partes que necesitan aclaración.

Comentarios de documentación

Dart ofrece una forma especial de escribir comentarios para generar documentación automáticamente. Estos comentarios, también conocidos como "doc comments", se inician con tres barras inclinadas (///) o con /** y terminan con */.

Ejemplo en DartPad:

1. En DartPad, escribe el siguiente código:

```
/// Esta función calcula la suma de dos números.
///
/// Recibe dos parámetros: [num1] y [num2].
/// Retorna la suma de [num1] y [num2].
void main() {
 int sumar(int num1, int num2){
  return num1 + num2;
 }
/// Se invoca la función sumar
    int suma = sumar(62,22);
```

```
///Con la función print se muestra el resultado en consola.

    print(suma);

}
```

Fíjate en el siguiente ejemplo, es el mismo anterior. Ahora esta lleno de comentarios y aun así mostrará el mismo resultado por que el compilador ignorará los comentarios. Puedes probar este ejemplo en Dartpad.dev.

Resumen

Los comentarios en Dart son una herramienta fundamental para la documentación y la comprensión del código. Utilizar los comentarios de forma efectiva puede mejorar la legibilidad del código, facilitar el mantenimiento y la colaboración entre desarrolladores.

Preguntas teóricas

1. ¿Cuál es la diferencia entre los comentarios de una sola línea y los comentarios multilínea?

2. ¿Por qué es importante escribir comentarios en el código?

3. ¿Cómo se utilizan los comentarios de documentación en Dart?

Ejercicios

Para los siguientes ejercicios, utiliza DartPad: dartpad.dev

1. Escribe un comentario de una sola línea que diga "Hola, soy un comentario".

2. Escribe un comentario multilínea que diga "Este es un comentario que ocupa varias líneas".

3. Copia el siguiente código y agrega un comentario de documentación a la función saludar():

```
void main(){

String saludar(String nombre) {

    return 'Hola, $nombre!';

  }

    String saludo = saludar("Flutter");

    print(saludo);

}
```

Capítulo 2 — Manejo de Errores

Objetivos

Al finalizar este capítulo, serás capaz de:

- Comprender cómo Dart informa sobre errores en el código.

- Diferenciar entre warnings y errores.

- Conocer el concepto de excepción y sus tipos en Dart.

- Entender las herramientas básicas para la depuración de código.

- Introducirte al concepto de Unit Testing en Dart.

Introducción

Durante el desarrollo de software, es inevitable que surjan errores en el código. Dart proporciona mecanismos para informar sobre estos errores, ya sea en tiempo de compilación o en tiempo de ejecución. Aprender a interpretar estos mensajes y utilizar las herramientas de depuración es esencial para escribir código robusto y funcional. Afortunadamente en nuestros días, los recursos que los entornos de desarrollo integrado (IDE) proporcionan para la identificación y corrección de errores, son grandiosos, aparte de la ayuda o consultas que se pueden hacer en internet incluyendo el planteamiento del error a las IAs que con toda seguridad mostraran la forma de corregir los errores.

Warnings (Advertencias)

Las warnings son mensajes que indican un problema potencial en el código, aunque no impiden que el programa se ejecute. Es importante prestar atención a las warnings, ya que pueden indicar errores sutiles o problemas de rendimiento.

Los Warning no impiden la ejecución del programa, los errores si.

Ejemplo en el editor de Android Studio al desarrollar proyectos en Flutter cuyo lenguaje es Dart, las advertencias o warning se muestran en la esquina superior izquierda con un color amarillo y al dar click sobre ese icono de advertencia se muestra la descripción del error en la consola y al presionar sobre una descripción muestra en el editor, la línea de código defectuosa que causa el warning o advertencia.

Los warning no impiden la ejecución del proyecto, los errores si.

Si se crea una variable y no se usa, si se importa una librería y no se usa generaran warning y Dart mostrará mensaje de advertencia.

Ejemplo de Advertencias(warning)

```
void main() {
  var a = 22;
  var b = 62;
  print(a);
}
```

En la parte inferior de la pantalla, Dart muestra un mensaje dando a conocer la advertencia y la causa.

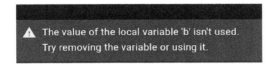

Se genera un warning (advertencia) porque la variable b se declara y se le asigna un valor (62), pero luego no se utiliza en ninguna parte del programa. El compilador reconoce esto como un posible error o código innecesario, ya que declarar una variable sin usarla consume recursos de memoria sin un propósito claro.

Razones para este comportamiento del compilador:

- Optimización de recursos: Las variables no utilizadas ocupan espacio en la memoria. Eliminarlas o evitar declararlas innecesariamente ayuda a optimizar el rendimiento del programa, especialmente en aplicaciones grandes o con recursos limitados.

- Prevención de errores: Una variable no utilizada puede ser un indicio de un error en la lógica del programa. El desarrollador pudo haber olvidado utilizarla o haberla declarado con un propósito que luego no se implementó. La advertencia ayuda a identificar estas situaciones y revisar el código para evitar errores potenciales.

- Claridad del código: Eliminar variables no utilizadas hace que el código sea más conciso y fácil de entender, mejorando la legibilidad y el mantenimiento del mismo.

El warning(Advertencia) al no usar la variable b, se genera porque el compilador de Dart busca asegurar la eficiencia del código, prevenir posibles errores y mejorar la legibilidad, identificando elementos que podrían ser superfluos o indicar problemas en la lógica del programa.

Es importante mencionar que un warning no impide la ejecución del programa, a diferencia de un error. Sin embargo, es recomendable prestar atención a las advertencias y revisar el código para determinar si se deben a errores o si se pueden optimizar.

Otros ejemplos de código que generan warnings en

- Variables no utilizadas:

```
void main() {
  int x = 5;
  print("Hola");
}
```

Este codigo genera un warning y la causa es la misma que el ejemplo previo.

- Importar una librería sin usarla:

```
import 'dart:math';
void main() {
  print("Hola");
}
```

- Declarar una variable que oculta otra:

```
void main() {
  int x = 5;
  {
    int x = 10; // Warning: Esta 'x' oculta la 'x' del ámbito exterior.
    print(x);
  }
}
```

Los warnings o advertencias son útiles porque ayudan a identificar código potencialmente problemático o ineficiente, aunque no impidan la ejecución del programa.

Si posicionas el puntero o cursor sobre el fragmento de código que genera la advertencia te dirá cual es la causa de la advertencia(warning)

```
1  void main() {
2    int x = 5;
3    {
4      int x = 10; // Warning: Esta 'x' oc
5      {
6        int x  The value of the local variable 'x' isn't used.
7
8        print(x);
9      }
10 }
11 }
```

Errores

Los errores son problemas que impiden la ejecución del programa. Pueden ocurrir en tiempo de compilación, lo que significa que el código no se puede compilar, o en tiempo de ejecución, lo que resulta en una excepción.

Ejemplo de error:

```
void main() {
  int edad = "62";
  print(edad);
}
```

En el ejemplo previo se declara una variable de tipo int por lo que solo puede contener valores numéricos, al encerrarlo entre comillas se vuelve String por lo que el compilador no puede ejecutar el código y genera error por que a una variable de tipo int no se le puede asignar valores de tipo String

El mensaje en consola es el siguiente:

compileDDC

main.dart:5:12: Error: A value of type 'String' can't be assigned to a variable of type 'int'.

```
int edad = "62";
```

El error se corrige eliminando las comillas del numero y el resultado será 62.

```
void main() {
  int edad = 62;
  print(edad);
}
```

Ejemplo de error en tiempo de compilación:

```
void main() {
  String sdk = "Flutter";
    print(sdk)
}
```

En el código anterior falta punto y coma después del paréntesis al final. El error se corrige agregándolo.

Genera un mensaje de error.

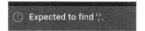

Si colocas el puntero del mouse en el fragmento de código donde está subrayado el error, se mostrará un mensaje informando cual es el error y como solucionarlo.

```
2
3 void main() {
4
5 String sdk = "Flutter";
6
7   print(sdk)
8 }
9                    Expected to find ';'.
```

Si ejecutas el código sin correr el error se generará lo siguiente:

```
1 void main() {          ▶ Run    compileDDC
2   String sdk = "Flut...          main.dart:3:13: Error: Expected ';' after this.
3     print(sdk)                     print(sdk)
4 }                                            ^
```

Muestra que se espera un punto y coma, agrégalo y desaparece el error.

```
void main() {
  String sdk = "Flutter";
    print(sdk);
}
```

El resultado en consola es Flutter

Los IDEs de desarrollo y dartpad.dev informan del error y la manera de resolverlo, lo que facilita las tareas de desarrollo.

Mas ejemplos de errores en Dart

dos ejemplos de errores en Dart con su respectiva explicación:

1. Error de tipo:

```
void main() {

  int edad = "veintidos"; // Error: Se intenta asignar un String a una
variable int.

  print(edad);

}
```

Explicación:

En este código, se declara una variable edad de tipo int (entero). Luego, se intenta asignarle el valor "veintidos", que es un String (cadena de texto). Esto genera un error de tipo, ya que Dart tiene un sistema de tipos estático y no permite asignar valores de un tipo a variables de otro tipo incompatible.

Este error se produce en tiempo de compilación, es decir, el compilador de Dart lo detecta antes de que el programa se ejecute.

2. Error de acceso a un elemento nulo:

```
void main() {

  List<String>? nombres; // Lista de Strings que puede ser nula

  print(nombres[0]);      // Error: Se intenta acceder a un elemento de
una lista nula.

}
```

En este caso, se declara una lista nombres que puede ser nula (se usa el operador ? para indicar esto). Como no se le asigna ningún valor, nombres es inicialmente nula. Luego, se intenta acceder al primer elemento de la lista (nombres[0]). Esto genera un error en tiempo de ejecución, ya que se está intentando acceder a un elemento de una lista que no existe.

Este tipo de error (llamado NullPointerException) es común en muchos lenguajes de programación y puede ocurrir cuando se intenta acceder a miembros (propiedades o métodos) de un objeto que es nulo.

Diferencia con warnings y excepciones:

- **Errores:** Impiden que el programa se compile o se ejecute correctamente. Son detectados por el compilador (errores de compilación) o por el sistema en tiempo de ejecución (errores de tiempo de ejecución).

- **Warnings:** Son advertencias que emite el compilador sobre código potencialmente problemático, pero no impiden la compilación ni la ejecución del programa.

- **Excepciones:** Son errores que ocurren durante la ejecución del programa debido a situaciones inesperadas. Se pueden manejar con mecanismos como try-catch para evitar que el programa se detenga abruptamente.

Excepciones:

Una **excepción** es un evento que ocurre durante la ejecución de un programa e interrumpe su flujo normal. Estas suelen ser causadas por errores en el código o situaciones inesperadas, como la división por cero o el acceso a un archivo inexistente.

Ejemplo:

```
void main() {
  int resultado = 62 ~/ 0;
  print(resultado);
}
```

Salida: IntegerDivisionByZeroException

Tipos de Excepciones en Dart

Dart ofrece varias excepciones predefinidas. A continuación, se listan las principales con ejemplos.

1. IntegerDivisionByZeroException

Ocurre al dividir un número entero entre cero.

```
void main() {
```

```
  try {

    int resultado = 10 ~/ 0; // Se intenta dividir 10 entre 0

    print('El resultado es: $resultado'); // Esta línea no se ejecutará

  } catch (e) {

    print('¡Error! No se puede dividir entre cero.');

  }

}
```

2. FormatException

Se lanza cuando se intenta convertir una cadena a un tipo de dato incompatible.

```
void main() {

  try {

    int numero = int.parse('Dart');

  } catch (e) {

    print('Error: $e');

  }

}
```

3. IOException

Clase base para errores de entrada/salida, como archivos inexistentes.

```
import 'dart:io';

void main() {

  try {

    File('archivo_inexistente.txt').readAsStringSync();

  } catch (e) {

    print('Error: $e');

  }

}
```

4. RangeError

Ocurre cuando se intenta acceder a un índice fuera de los límites de una lista.

14

```
void main() {
  try {
    List<int> numeros = [1, 2, 3];
    print(numeros[5]);
  } catch (e) {
    print('Error: $e');
  }
}
```

5. TypeError

Se lanza cuando se intenta operar con tipos de datos incompatibles.

```
void main() {
  try {
    int numero = "hola" as int;
  } catch (e) {
    print('Error: $e');
  }
}
```

6. ArgumentError

Ocurre cuando se pasa un argumento inválido a una función.

```
void saludar(String nombre) {
  if (nombre.isEmpty) {
    throw ArgumentError("El nombre no puede estar vacío.");
  }
  print("Hola, $nombre!");
}
void main() {
  try {
    saludar("");
  } catch (e) {
    print('Error: $e');
```

```
    }
}
```

7. NoSuchMethodError

Se lanza cuando se intenta llamar a un método inexistente en un objeto.

```
void main() {
  try {
    dynamic objeto = 10;
    objeto.metodoInexistente();
  } catch (e) {
    print('Error: $e');
  }
}
```

8. UnsupportedError

Se lanza cuando se intenta realizar una operación no soportada.

```
void main() {
  try {
    List<int> lista = List.unmodifiable([1, 2, 3]);
    lista.add(4);
  } catch (e) {
    print('Error: $e');
  }
}
```

9. TimeoutException

Se produce cuando una operación asíncrona excede el tiempo límite.

```
import 'dart:async';
void main() async {
  try {
    await Future.delayed(Duration(seconds: 2)).timeout(Duration(seconds:
1));
  } catch (e) {
```

```
      print('Error: $e');

  }

}
```

10. DeferredLoadException

Ocurre cuando no se puede cargar una librería diferida.

```dart
import 'dart:async';

Future<void> main() async {
  try {
    await loadLibrary();
  } catch (e) {
    print('Error al cargar la librería: $e');
  }
}

Future<void> loadLibrary() async {
  throw DeferredLoadException('No se pudo cargar la librería.');
}
```

11. IsolateSpawnException

Ocurre cuando no se puede crear un isolate.

```dart
import 'dart:isolate';

void main() async {
  try {
    await Isolate.spawn(falla, null);
  } catch (e) {
    print('IsolateSpawnException: $e');
  }
}

void falla(dynamic mensaje) {
  throw Exception('Error en el Isolate');
}
```

Unit Testing en Dart

Dart proporciona la librería test para escribir y ejecutar pruebas unitarias.

Instalación

Agrega la dependencia en pubspec.yaml:

```
dependencies:
  test: ^1.16.0
```

Ejemplo de prueba unitaria

```
import 'package:test/test.dart';

int sumar(int a, int b) => a + b;

void main() {
  test('Suma de dos números', () {
    expect(sumar(2, 3), equals(5));
  });
}
```

Las pruebas unitarias permiten verificar que cada parte del código funcione correctamente de forma independiente.

Manejo de Excepciones

Dart proporciona bloques **try-catch** para manejar excepciones y evitar que el programa se detenga abruptamente.

```
try {

  // Código que puede lanzar una excepción

} catch (e) {

  // Manejo de la excepción

}
```

Uso de on y finally

- **on**: Captura excepciones específicas.

- **finally**: Se ejecuta siempre, independientemente de si hubo una excepción o no.

-

Ejemp[o:

```
void  main(){

try {

  int resultado = 10 ~/ 0;

} on IntegerDivisionByZeroException {

  print('Error: División entre cero.');
```

```
} catch (e) {
  print('Error genérico: $e');
} finally {
  print('Ejecución completada.');
}
```

Lanzamiento de Excepciones con throw

Ejemplo:

```
Se puede usar throw para generar excepciones personalizadas.
void validarEdad(int edad) {
  if (edad < 0) {
    throw ArgumentError('La edad no puede ser negativa.');
  }
}
void main() {
  try {
    validarEdad(-5);
  } catch (e) {
    print('Error: $e');
  }
}
```

Excepciones Personalizadas

Se pueden definir clases de excepciones propias para manejar errores específicos.

```
class ValorInvalidoException implements Exception {
  final String mensaje;
  ValorInvalidoException(this.mensaje);
  @override
  String toString() => 'ValorInvalidoException: $mensaje';
}
void validarNumero(int numero) {
```

```
  if (numero < 0) {

    throw ValorInvalidoException('El número no puede ser negativo.');

  }

  print('Número válido: $numero'); // Se imprime si el número es válido

}

void main() {

  try {

    validarNumero(-5); // Lanza la excepción

    validarNumero(10); // No lanza la excepción

  } catch (e) {

    print('Error: $e'); // Captura y muestra la excepción

  }

}
```

Buenas Prácticas para Manejo de Excepciones

- Manejar excepciones específicas en lugar de usar catch (e) genérico.
- Proporcionar mensajes de error informativos.
- Evitar usar excepciones para el control de flujo normal.
- Propagar excepciones cuando sea necesario usando rethrow.

Resumen

El manejo de errores es crucial en el desarrollo de software. Dart ofrece herramientas y mecanismos para detectar, manejar y corregir errores, lo que permite escribir código más robusto y confiable.

Preguntas teóricas

1. ¿Cuál es la diferencia entre un warning y un error en Dart?

2. ¿Qué es una excepción y cómo se maneja en Dart?

3. ¿Por qué es importante realizar Unit Testing en el desarrollo de software?

Ejercicios

1. Busca ejemplos de código en Dart que generen diferentes tipos de excepciones (como FormatException, IntegerDivisionByZeroException). Ejecuta el código y observa los mensajes de error.

2. Investiga cómo utilizar los bloques try-catch en Dart para manejar excepciones. Escribe un programa que maneje una excepción FormatException.

3. Busca información sobre las herramientas de depuración disponibles en el IDE Android Studio.

Capítulo 3 — Concatenación e Interpolación

Objetivos

Al finalizar este capítulo, serás capaz de:

- Comprender el concepto de concatenación e interpolación de cadenas en.

- Utilizar el operador + para concatenar cadenas.

- Utilizar la interpolación de cadenas con el símbolo $.

- Combinar variables y literales de cadena en expresiones interpoladas.

- Construir cadenas multilínea utilizando triples comillas simples.

- Conocer y aplicar diferentes métodos de concatenación, incluyendo StringBuffer, join() y raw strings.

Introducción

La concatenación e interpolación son técnicas esenciales para manipular cadenas de texto en Dart. Te permiten unir cadenas, combinarlas con variables y crear expresiones más complejas. Este capítulo explorará las diferentes formas de concatenar e interpolar cadenas en Dart, incluyendo ejemplos prácticos para que puedas aplicar estas técnicas en tus propios programas.

Concatenación con el Operador +

El operador + se utiliza para concatenar o unir dos o más cadenas de texto.

Ejemplo:

```
void main() {
  String lenguaje = "Dart" + " " + "Flutter";
  print(lenguaje); // Imprime "Dart Flutter"
}
```

Puedes concatenar variables y literales de cadena:

```
void main() {
  String nombre = "Karina";
  String saludo = "Hola, " + nombre + "!";
  print(saludo); // Imprime "Hola, Karina!"
```

22

```
}
```

Interpolación con el Símbolo $

La interpolación de cadenas es una forma más concisa y legible de combinar variables con cadenas literales. Se utiliza el símbolo $ seguido del nombre de la variable.

Ejemplo:

```
void main() {
  String nombre = "Brenda Lizeth";
  String saludo = "Hola, $nombre!";
  print(saludo); // Imprime "Hola, Brenda Lizeth!"
}
```

También puedes utilizar llaves {} para interpolar expresiones más complejas:

```
void main() {
  int edad = 30;
  String mensaje = "Digna tiene ${edad + 1} años.";
  print(mensaje); // Imprime "Digna tiene 31 años."
}
```

Cadenas Multilínea

Puedes crear cadenas multilínea utilizando triples comillas simples (''').

Ejemplo:

```
void main() {
 String poema = '''
 A Margarita
"Margarita, Margarita,
está linda la mar,
y el viento
lleva esencia sutil de jazmín;
tu aliento
perfuma ya el ambiente de abril,
```

```
y en el mirto

de tu boca hay un beso de miel...

        ''';

  print(poema);

}
```

Otras Formas de Concatenar Cadenas

Además del operador + y la interpolación con $, Dart ofrece otras alternativas para concatenar cadenas:

1. StringBuffer:

StringBuffer es una clase mutable que permite construir cadenas de forma eficiente, especialmente cuando se realizan muchas concatenaciones. Es útil cuando necesitas concatenar cadenas dentro de un bucle o cuando trabajas con cadenas muy grandes.

Ejemplo:

```
void main() {

  var sb = StringBuffer();

  sb.write('LENGUAJE: ');

  sb.write(' ');

  sb.write('Dart,');

  sb.write(' ');

  sb.write('SDK: ');

  sb.write(' ');

  sb.write('Flutter,  ');

  sb.write('');

  sb.write('IDE: ');

  sb.write('');

  sb.write('Android Studio');

  String resultado = sb.toString();

  print(resultado);

}

//Imprime LENGUAJE:  Dart, SDK:  Flutter,   IDE: Android Studio
```

```
void main() {
    var sb = StringBuffer();
    sb.write('LENGUAJE: ');
    sb.write(' ');
    sb.write('Dart, ');
    sb.write(' ');
    sb.write('SDK: ');
    sb.write(' ');
    sb.write('Flutter,   ');
    sb.write('');
    sb.write('IDE: ');
    sb.write('');
    sb.write('Android Studio');

    String resultado = sb.toString();
    print(resultado);
}

//Imprime LENGUAJE:  Dart, SDK:  Flutter,  IDE:
Android Studio
```

2. Método join():

El método join() se utiliza para concatenar los elementos de una lista en una sola cadena, utilizando un separador especificado.

Ejemplo:

```
void main() {
  List<String> palabras = ['Hola', 'mundo', 'Dart'];
  String frase = palabras.join(' ');
  print(frase); // Imprime "Hola mundo Dart"
}
```

3. Raw Strings:

Las raw strings (cadenas crudas) se definen utilizando una r antes de las comillas. En las raw strings, los caracteres especiales como \n (nueva línea) o \t (tabulación) se interpretan literalmente. Esto puede ser útil para concatenar cadenas que contienen caracteres especiales sin tener que escaparlos.

Ejemplo:

```
void main() {
  String ruta = r'C:\Users\Documents\archivo.txt';
  print(ruta); // Imprime "C:\Users\Documents\archivo.txt"
}
```

Resumen

La concatenación e interpolación son técnicas fundamentales para trabajar con cadenas de texto en Dart. El operador + te permite concatenar cadenas, mientras que la interpolación con $ te permite combinar variables y expresiones dentro de las cadenas. Las triples comillas simples te permiten crear cadenas multilínea. Además, Dart ofrece otras alternativas como StringBuffer, join() y raw strings para concatenar cadenas de forma eficiente y flexible.

Preguntas Teóricas

1. ¿Cuál es la diferencia entre concatenación e interpolación de cadenas?

2. ¿Cómo se utiliza el operador + para concatenar cadenas en Dart?

3. ¿Cómo se utiliza la interpolación de cadenas con el símbolo $ en Dart?

4. ¿Cómo se crean cadenas multilínea en Dart?

5. ¿Qué es StringBuffer y cuándo es útil utilizarlo?

6. ¿Cómo se utiliza el método join() para concatenar cadenas?

7. ¿Qué son las raw strings y cómo se definen en Dart?

8.

Ejercicios

1. Crea un programa que concatene tu nombre y apellido en una sola cadena utilizando el operador +.

2. Crea un programa que utilice la interpolación de cadenas para mostrar un mensaje de bienvenida con tu nombre y edad.

3. Crea un programa que defina una variable con un número decimal y la interpole en una cadena que muestre el número con dos decimales.

4. Crea una cadena multilínea que contenga una lista de tus pasatiempos favoritos.

5. Crea un programa que utilice StringBuffer para concatenar una lista de nombres en una sola cadena.

6. Crea un programa que utilice el método join() para concatenar una lista de palabras en una frase.

7. Crea un programa que utilice una raw string para definir una ruta de archivo que contenga caracteres especiales.

Capítulo 4 — Palabras Reservadas

Objetivos

Al finalizar este capítulo, serás capaz de:

- Comprender el concepto de palabras reservadas en Dart.
- Identificar todas las palabras reservadas del lenguaje, incluyendo las nuevas incorporaciones.
- Conocer las restricciones de uso de las palabras reservadas.
- Aplicar las mejores prácticas para el uso de identificadores.

Introducción

Las palabras reservadas, también conocidas como keywords, son términos que tienen un significado especial dentro del lenguaje de programación Dart. Se utilizan para definir la estructura del código, controlar el flujo de ejecución y realizar operaciones específicas. Es fundamental conocer las palabras reservadas para escribir código Dart válido y comprensible.

En Dart, las palabras reservadas son identificadores predefinidos que tienen un significado especial para el compilador. No se pueden usar como identificadores en el código, como nombres de variables, funciones o clases.

Lista de Palabras Reservadas en Dart

Dart tiene ahora 68 palabras reservadas. Aquí te las presento en orden alfabético, junto con una breve descripción de su función:

Palabra reservada	Descripción
abstract	Define una clase abstracta que no puede ser instanciada directamente.
as	Se utiliza para realizar conversiones de tipo.
assert	Se utiliza para realizar afirmaciones en tiempo de ejecución.
async	Indica que una función es asíncrona.
await	Se utiliza para esperar el resultado de una operación asíncrona.
break	Sale de un bucle.

case	Define una opción en una estructura switch.
catch	Captura una excepción.
class	Define una clase.
const	Define una constante en tiempo de compilación.
continue	Salta a la siguiente iteración de un bucle.
covariant	Se utiliza en la declaración de parámetros de métodos para indicar que un parámetro en una subclase puede tener un tipo más específico que el parámetro en la superclase.
default	Define el caso por defecto en una estructura switch.
deferred	Se utiliza para la carga diferida de bibliotecas.
do	Define un bucle do-while.
dynamic	Indica un tipo dinámico.
else	Define el bloque de código a ejecutar si una condición es falsa.
enum	Define una enumeración.
export	Exporta una biblioteca.
extends	Indica que una clase hereda de otra.
extension	Define una extensión, que te permite añadir nuevas funcionalidades a una clase existente.
external	Indica que un miembro está definido externamente.
factory	Define un constructor de fábrica.
false	Representa el valor booleano falso.
final	Define una variable que solo puede ser asignada una vez.
finally	Define un bloque de código que se ejecuta siempre en un try-catch.
for	Define un bucle for.
function	Representa el tipo de dato de una función.

get	Define un getter.
hide	Oculta miembros al importar una biblioteca.
if	Define una estructura condicional.
implements	Indica que una clase implementa una interfaz.
import	Importa una biblioteca.
in	Se utiliza en bucles for-in.
interface	Define una interfaz.
is	Verifica si un objeto es de un tipo determinado.
late	Indica que una variable no nula será inicializada más tarde.
library	Define una biblioteca.
mixin	Define un mixin.
new	Crea una nueva instancia de una clase.
null	Representa la ausencia de valor.
on	Se utiliza en bloques catch para especificar el tipo de excepción.
operator	Define un operador.
part	Divide una biblioteca en varios archivos.
record	Define un registro, que es una clase de datos simple e inmutable.
required	Indica que un parámetro nombrado es obligatorio.
rethrow	Vuelve a lanzar una excepción.
return	Devuelve un valor de una función.
sealed	Define una clase sellada, que restringe las clases que pueden heredar de ella.
set	Define un setter.
show	Muestra miembros al importar una biblioteca.

static	Define un miembro estático.
super	Se refiere a la superclase.
switch	Define una estructura switch.
sync	Indica que una función es síncrona.
this	Se refiere a la instancia actual de una clase.
throw	Lanza una excepción.
true	Representa el valor booleano verdadero.
try	Define un bloque de código para manejar excepciones.
typedef	Define un alias de tipo.
var	Declara una variable con tipo inferido.
void	Indica que una función no devuelve ningún valor.
while	Define un bucle while.
with	Aplica un mixin a una clase.
yield	Devuelve un valor de un generador.

Restricciones de Uso

Es importante tener en cuenta que la mayoría de las palabras reservadas no pueden utilizarse como identificadores (nombres de variables, funciones, clases, etc.). Sin embargo, algunas palabras reservadas tienen restricciones de uso más específicas:

- Identificadores en cualquier lugar: sync, hide, on, show.
- Identificadores de tipo, clase o prefijo de importación: as, covariant, deferred, dynamic, export, external, factory, function, get, implements, import, interface, library, mixin, operator, part, set, static, typedef. [1]

- Cuerpo de funciones async o sync: await, yield.

Resumen

Las palabras reservadas son componentes esenciales del lenguaje Dart. Conocerlas y comprender sus restricciones de uso te permitirá escribir código correcto y evitar errores.

Recuerda que existen muchas alternativas para nombrar tus variables y funciones, por lo que es recomendable evitar el uso de palabras reservadas como identificadores.

Preguntas teóricas

1. ¿Por qué es importante conocer las palabras reservadas de un lenguaje de programación?

2. ¿Qué sucede si intentas utilizar una palabra reservada como identificador?

3. ¿Cuáles son las ventajas de evitar el uso de palabras reservadas como identificadores?

4. ¿Qué son las clases selladas (sealed) y cuándo se utilizan?

5. ¿Qué son los registros (record) y en qué se diferencian de las clases?

Ejercicios

1. Crea una lista con 10 palabras reservadas de Dart y escribe un breve comentario explicando su función.

2. Intenta utilizar una palabra reservada como nombre de variable en DartPad. Observa el mensaje de error que se produce.

3. Investiga la diferencia entre las palabras reservadas final y const.

4. Crea un ejemplo de código que use la palabra reservada late.

5. Crea un ejemplo de código que use la palabra reservada required.

Capítulo 5 — Operadores

Objetivos

Al finalizar este capítulo, serás capaz de:

- Comprender la función de los operadores en Dart.

- Identificar y utilizar todos los tipos de operadores disponibles en el lenguaje.

- Aplicar los operadores para realizar comparaciones, evaluar condiciones y manipular datos.

- Escribir expresiones complejas combinando diferentes operadores.

Introducción

Los operadores son símbolos que se utilizan para realizar operaciones en los datos. En Dart, existen diversos tipos de operadores que permiten realizar comparaciones, evaluar condiciones lógicas, realizar cálculos matemáticos, manipular valores y controlar el flujo del programa. Dominar el uso de los operadores es esencial para escribir código Dart efectivo.

Operadores Relacionales

Los operadores relacionales se utilizan para comparar dos valores y determinar la relación entre ellos. El resultado de una operación relacional es un valor booleano (true o false).

Operador	Descripción	Ejemplo
==	Igual a	a == b (¿es a igual a b?)
!=	Diferente de	a != b (¿es a diferente de b?)
>	Mayor que	a > b (¿es a mayor que b?)
<	Menor que	a < b (¿es a menor que b?)
>=	Mayor o igual que	a >= b (¿es a mayor o igual que b?)
<=	Menor o igual que	a <= b (¿es a menor o igual que b?)

Ejemplos:

```
void main() {
  print(57 > 17);  // true
```

```
  print(57 < 17);  // false
  print(57 >= 17); // true
  print(57 <= 17); // false
  print(57 == 17); // false
  print(57 != 17); // true
}
```

Operadores de Tipo

Estos operadores se utilizan para comprobar el tipo de un objeto:

Operador	Descripción	Ejemplo
is	Verifica si un objeto es de un tipo específico.	a is String (¿es a una cadena?)
is!	Verifica si un objeto NO es de un tipo específico.	a is! int (¿NO es a un entero?)

Operadores Lógicos

Los operadores lógicos se utilizan para combinar expresiones booleanas y evaluar condiciones complejas.

Operador	Descripción	Ejemplo
!	NOT (negación)	!a (si a es true, el resultado es false)
&&	AND (conjunción)	a && b (el resultado es true solo si a y b son true)
	OR (disyunción)	

Ejemplos:

```
void main() {
  var l = 58;
  var n = 18;


  //Usando Operador && que significa ambas condiciones o sea que esté condicion A y
```

//Usando Operador && que significa ambas condiciones o sea que esté condicion A y condicion B

```
  if (l == 58 && n == 18) {
   print("verdadero");
  } else {
```

```
    print("Falso");
  }
```

//Usando Operador || que significa una u otra condicion o sea que esté condicion A ó condición B

```
  if (l == 58 || n == 17) {
  print("verdadero");
  } else {
  print("Falso");
  }
}
```

// Al usar || se pide que una de dos o mas condiciones se cumplan y en este ejemplo se imprime "verdadero" porque al menos una condición es verdadera

Operadores de Incremento y Decremento

Estos operadores se utilizan para aumentar o disminuir el valor de una variable en [1]

Operador Descripción Ejemplo

++	Incremento	a++ (incrementa a en 1 después de usar su valor)
--	Decremento	a-- (decrementa a en 1 después de usar su valor)

Ejemplo:

```
void main() {
  var a = 5;
  print(a++); // Imprime 5, luego incrementa a a 6
  print(a);   // Imprime 6
  print(--a); // Decrementa a a 5, luego imprime 5
}
```

Operadores Aritméticos

Los operadores aritméticos se utilizan para realizar operaciones matemáticas.

Operador Descripción

+	Suma
-	Resta
*	Multiplicación
/	División
~/	División entera
%	Módulo (resto de la división)

Ejemplo:

```
void main() {
  var numero1 = 57;
  var numero2 = 17;
  print(numero1 + numero2);  // 74
  print(numero1 - numero2);  // 40
  print(numero1 * numero2);  // 969
  print(numero1 / numero2);  // 3.3529411764705883
  print(numero1 ~/ numero2); // 3
  print(numero1 % numero2);  // 6
}
```

Operadores de Asignación

Operador	Descripción	Ejemplo
=	Asignación	a = 10 (asigna el valor 10 a la variable a)
+=	Suma y asignación	a += 5 (equivalente a a = a + 5)
-=	Resta y asignación	a -= 3 (equivalente a a = a - 3)
*=	Multiplicación y asignación	a *= 2 (equivalente a a = a * 2)
/=	División y asignación	a /= 4 (equivalente a a = a / 4)
~/=	División entera y asignación	a ~/= 3 (equivalente a a = a ~/ 3)
%=	Módulo y asignación	a %= 5 (equivalente a a = a % 5)

Operadores Bit a Bit

Estos operadores realizan operaciones a nivel de bits en enteros:

Operador Descripción

&	AND bit a bit
^	XOR bit a bit
~	Complemento a uno
<<	Desplazamiento a la izquierda
>>	Desplazamiento a la derecha
>>>	Desplazamiento a la derecha sin signo

Otros Operadores

- Operador condicional (? :): Se utiliza para evaluar una condición y devolver un valor en función del resultado. Ejemplo: a > 10 ? 'mayor que 10' : 'menor o igual que 10'.

- Operador de cascada (..): Permite realizar varias operaciones en el mismo objeto de forma encadenada.

- Operador as: Se utiliza para realizar conversiones de tipo.

- Operador ??: Devuelve el primer operando si no es nulo; de lo contrario, devuelve el segundo operando.

- Operador ??=: Asigna el valor del segundo operando al primer operando solo si el primer operando es nulo.

- Operadores de acceso a miembros (., ?.): Se utilizan para acceder a miembros de un objeto. El operador ?. se utiliza para acceder a miembros de forma segura cuando el objeto puede ser nulo.

- Operadores de índice ([], ?[]): Se utilizan para acceder a elementos de una lista o mapa. El operador ?[] se utiliza para acceder a elementos de forma segura cuando la lista o el mapa puede ser nulo.

- Operador de propagación (..., ...?): Se utiliza para expandir los elementos de una colección en otra colección.

Resumen

Los operadores son herramientas fundamentales en Dart para manipular datos y controlar el flujo del programa. Comprender los diferentes tipos de operadores y sus funciones te permitirá escribir código más eficiente y expresivo.

Preguntas teóricas

1. ¿Cuál es la diferencia entre los operadores == y =?

2. ¿Qué significa la expresión a++? ¿En qué se diferencia de ++a?

3. ¿Cómo se utiliza el operador condicional (? :) en Dart?

4. ¿Qué ventajas ofrece el operador de cascada (..)?

5. ¿Para qué se utiliza el operador as?

6. ¿Qué diferencia hay entre los operadores ?? y ??=?

7. ¿Cuándo se utilizan los operadores de acceso a miembros ?. y ?[]?

8. ¿Para qué sirve el operador de propagación (..., ...?)?

Ejercicios

1. Escribe un programa que utilice operadores relacionales para comparar la edad de dos personas y determinar quién es mayor.

2. Escribe un programa que utilice operadores lógicos para determinar si un número es par y positivo.

3. Escribe un programa que utilice un bucle for y un operador de incremento para imprimir los números del 1 al 10.

4. Crea un ejemplo de código que use el operador de cascada (..) para modificar las propiedades de un objeto.

5. Crea un ejemplo de código que use el operador ?? para proporcionar un valor por defecto si una variable es nula.

6. Crea un ejemplo de código que use el operador ??= para asignar un valor a una variable solo si es nula.

7. Crea un ejemplo de código que use los operadores de acceso a miembros (., ?.) para acceder a las propiedades de un objeto.

8. Crea un ejemplo de código que use los operadores de índice ([], ?[]) para acceder a los elementos de una lista.

9. Crea un ejemplo de código que use el operador de propagación (..., ...?) para combinar dos listas.

Capítulo 6 — Variables

Objetivos

Al finalizar este capítulo, serás capaz de:

- Comprender el concepto de variable y su función en la programación.

- Aplicar las reglas para nombrar variables en Dart.

- Declarar variables utilizando diferentes tipos de datos, incluyendo Map, Set, Rune y Object.

- Asignar valores a las variables y modificarlos.

- Utilizar las palabras clave var, dynamic, final y const para declarar variables.

- Trabajar con variables de tipo String, incluyendo Strings multilínea.

- Declarar y manipular variables numéricas de tipo int y double.

- Utilizar variables booleanas (bool).

- Comprender y utilizar los tipos de datos List, Map, Set, Rune y Object.

- Realizar conversiones entre diferentes tipos de datos.

- Conocer acerca de variable comodin o wilcard variable.

Introducción

Las variables son elementos fundamentales en la programación. Actúan como contenedores para almacenar datos que se utilizarán en el programa. En Dart, las variables tienen un nombre (identificador), un tipo de dato y un valor. Este capítulo te guiará a través de los conceptos básicos de las variables en Dart, incluyendo cómo declararlas, asignarles valores y utilizar diferentes tipos de datos.

Nombrando Variables

Al nombrar variables en Dart, es importante seguir ciertas convenciones:

- Nombres descriptivos: Utiliza nombres que indiquen el propósito de la variable (ejemplo: edad, nombreUsuario).

- Unicidad: Cada variable debe tener un nombre único dentro de su ámbito.

- Letras y números: Los nombres pueden contener letras y números, pero no deben comenzar con un número.

- Símbolos: Se permiten el signo de dólar ($) y el guion bajo (_).

- Palabras reservadas: No se pueden usar palabras reservadas como nombres de variables (con algunas excepciones, como se vio en el capítulo anterior).

- Sin espacios: Los nombres de variables no pueden contener espacios.

- Minúsculas: Los nombres de variables deben comenzar con una letra minúscula.

- Camel case: Si el nombre tiene varias palabras, utiliza camel case (ejemplo: miVariable).

- Guion bajo: Puedes usar guiones bajos para separar palabras en nombres de variables (ejemplo: mi_variable).

Tipos de Datos

Dart es un lenguaje de tipado estático, lo que significa que las variables tienen un tipo de dato definido. Esto ayuda a prevenir errores y mejorar la legibilidad del código.

Aquí tienes una tabla con los tipos de datos más comunes en Dart:

Tipo de dato	Descripción	Ejemplo
int	Números enteros	10, -5, 0
double	Números con punto decimal	3.14, -2.5, 0.0
String	Cadenas de texto	"Hola", 'Dart', "Esta es una frase."
bool	Valores booleanos (verdadero o falso)	true, false
List	Colecciones ordenadas de objetos	[1, 2, 3], ['a', 'b', 'c']
Map	Colecciones de pares clave-valor	{'nombre': 'Karina', 'edad': 29}
Set	Colecciones de elementos únicos	{1, 2, 3}, {'a', 'b', 'c'}
Rune	Representan caracteres Unicode	'A'.runes.first
Object	La clase base de la que heredan todas las demás clases	Object miObjeto = 'Hola';

La variable comodín o wilcard variable fue implementada en la versión 3.7 de Dart publicada el 12/2/2025.

Esta variable es representada por un guion bajo _

e indica que no tiene ningún valor.

Declaración de Variables

Para declarar una variable en Dart, puedes especificar el tipo de dato explícitamente:

tipoDeDato nombreDeVariable = valor;

Ejemplos:

```
void main(){

String nombre = 'Oliver';

int edad = 14;

double altura = 1.63;

bool esEstudiante = true;

print(nombre);

print(edad);

print(altura);

print(esEstudiante);

}
```

Inferencia de Tipos con var

También puedes usar la palabra clave var para que Dart infiera el tipo de dato basándose en el valor inicial que le asignas:

```
var nombre = 'Marcela';  // Dart infiere que el tipo de dato es String

var edad = 30;       // Dart infiere que el tipo de dato es int

var precio = 19.99;  // Dart infiere que el tipo de dato es double
```

Ejemplo en DartPad:

1. Abre DartPad: dartpad.dev

2. Escribe el siguiente código:

```
void main() {

  var numero = 10;

  print(numero.runtimeType); // Imprime el tipo de dato de la variable

}
```

41

3. Ejecuta el código. Verás que DartPad imprime "int", indicando que el tipo de dato de la variable numero es int.

Con el metodo .rumtimeType puedes saber el tipo de datos que tiene una variable.

Variables dynamic

Si necesitas que una variable pueda contener diferentes tipos de datos, puedes usar la palabra clave dynamic:

```
dynamic variable = 'Hola';
variable = 10; // No hay error, ya que la variable es dynamic
variable = true; // Tampoco hay error
```

Sin embargo, usar dynamic puede hacer que tu código sea menos seguro y más propenso a errores en tiempo de ejecución. Es recomendable usar tipos de datos específicos (String, int, etc.) siempre que sea posible.

Variables final y const

- final: Se utiliza para declarar una variable cuyo valor se asigna una sola vez y no puede cambiar después. La inicialización puede ocurrir en tiempo de ejecución.

- const: Se utiliza para declarar una constante en tiempo de compilación. El valor debe ser conocido en tiempo de compilación y no puede cambiar durante la ejecución del programa.

Ejemplos:

```
final String nombre = 'Marlen Suyapa';
const double PI = 3.14159;
```

Diferencias entre final y const:

Característica	final	const
Tiempo de asignación	Puede asignarse en tiempo de ejecución	Debe asignarse en tiempo de compilación
Modificación	No se puede modificar después de la asignación	No se puede modificar
Uso en colecciones	Se puede usar en listas y mapas	Se puede usar en listas y mapas, pero la colección también debe ser const

Variables de Tipo String

Las variables de tipo String almacenan cadenas de texto.

Ejemplos:

```
String nombre = 'Luisito';

String ciudad = "San Pedro Sula";

String frase = 'Esta es una frase con "comillas dobles".';
```

Strings multilínea:

```
String poema = '''

  Este es un poema

  que ocupa varias líneas.

''';
```

Métodos para Strings

La clase String ofrece varios métodos útiles:

- toString(): Convierte un valor a String.

- contains(): Verifica si un String contiene otro String.

- startsWith(): Verifica si un String comienza con otro String.

- endsWith(): Verifica si un String termina con otro String.

- indexOf(): Encuentra la posición de un String dentro de otro String.

- substring(): Extrae una subcadena de un String.

- split(): Divide un String en una lista de subcadenas.

- toUpperCase(): Convierte un String a mayúsculas.

- toLowerCase(): Convierte un String a minúsculas.

Variables Numéricas

Dart ofrece dos tipos de datos numéricos:

- int: Almacena números enteros.

- double: Almacena números con punto decimal.

Ejemplos:

```
int edad = 25;
```

```
double precio = 19.99;
```

Variables Booleanas

Las variables booleanas (bool) almacenan valores true o false.

Ejemplo:

```
bool estaActivo = true;
```

A continuación un ejercicio en donde se crean variables de varios tipos y luego se imprime el resultado en la consola.

```
void main() {
    String lenguaje = "Dart";
    int edad = 13;
    bool existe = true;
    double firstversion = 1.0;
    var numero = 22;
    var sdk = "Flutter";
    dynamic nombre = "Android Studio";
    dynamic year = 62;
    final horaActual = DateTime.now();
    const pi = 3.14159;
  print(lenguaje);
   print(edad);
   print(existe);
   print(firstversion);
   print(numero);
 print(sdk);
 print(nombre);
 print(year);
 print(horaActual);
 print(pi);
  }
```

Vea el código en dartpad.dev y su resultado en la consola.

Como se puede observar si se declara la variable de tipo var o dynamic soportará valores numéricos o String.

var es una palabra clave que se utiliza para declarar una variable sin especificar explícitamente su tipo.

El tipo de la variable se infiere a partir del valor que se le asigna en la declaración. Una vez que se infiere el tipo, la variable se vuelve de tipo estático y solo puede contener valores de ese tipo.

Aunque var puede contener inicalmente cualquier tipo de valor, una vez asignado, su tipo queda fijo.

Ejemplo:

```
var numero = 10;  // Se infiere como int

numero = 20;       // Válido

// numero = 'Hola'; // Error: No se puede asignar una cadena a una
variable de tipo int
```

Object:

- Object es la clase base de todos los tipos en Dart.

- Una variable de tipo Object puede contener cualquier tipo de valor, ya que todos los tipos son subtipos de Object.

45

- A diferencia de dynamic, Object aún tiene comprobación de tipos en tiempo de compilación. Sin embargo, esta comprobación es menos estricta que con tipos específicos.

- Se puede usar Object cuando se necesita una variable que pueda contener cualquier tipo de valor, pero aún se desea cierta seguridad de tipos.

Ejemplo:

```
Object objeto = 62;    // Válido

objeto = 'Genesis';      // Válido

objeto = true;         // Válido

// Se necesita hacer un casting para acceder a métodos específicos del
tipo

int numero = (objeto as int) + 5;
```

- dynamic: Sin comprobación de tipos en tiempo de compilación, máxima flexibilidad.

- Object: Comprobación de tipos en tiempo de compilación básica, cierta flexibilidad.

- var: Inferencia de tipos en tiempo de compilación, tipo estático después de la asignación.

Variables de Tipo List

Las listas (List) son colecciones ordenadas de objetos.

Ejemplos:

```
var lista1 = [1, 2, 3];

List<String> lista2 = ['a', 'b', 'c'];
```

Puedes acceder a los elementos de una lista mediante su índice (empezando desde 0):

```
print(lista1[0]); // Imprime 1
```

Las listas tienen métodos útiles como add(), remove(), length, etc.

Variables de Tipo Map

Un Map es una colección de pares clave-valor. Cada clave debe ser única en el mapa.

Ejemplos:

```
var mapa1 = {

  'nombre': 'Miriely',
```

```
  'edad': 24,
  'ciudad': 'Los Angeles',
};
Map<String, int> mapa2 = {
  'manzanas': 5,
  'naranjas': 3,
};
```

Puedes acceder a los valores de un mapa mediante su clave:

```
print(mapa1['nombre']); // Imprime "Lesly"
```

Los mapas tienen métodos útiles como put(), remove(), containsKey(), etc.

Variables de Tipo Set

Un Set es una colección de elementos únicos, sin un orden específico.

Ejemplos:

```
var conjunto1 = {1, 2, 3};
Set<String> conjunto2 = {'a', 'b', 'c'};
```

Puedes agregar elementos a un conjunto con el método add():

conjunto1.add(4);

Los conjuntos tienen métodos útiles como remove(), contains(), union(), etc.

Variables de Tipo Rune

Un Rune representa un punto de código Unicode. Se utiliza para trabajar con caracteres individuales en un String.

Ejemplos:

```
Rune letraA = 'A'.runes.first;
print(letraA.toRadixString(16)); // Imprime "41" (el código hexadecimal
de "A")
```

Puedes acceder a los runes de un String mediante la propiedad runes:

```
String texto = "Hola";
for (var rune in texto.runes) {
  print(rune.toRadixString(16));
```

}

Variables Comodin o wilcard variables.

En Dart, puedes usar el guión bajo _ como un comodín para representar una variable que no te interesa usar. Esto es útil cuando necesitas cumplir con la sintaxis de Dart, pero no necesitas el valor de la variable.

n Dart, una "variable comodín" (*wildcard variable*) es un identificador especial que se utiliza para ignorar un valor. Se representa con un guión bajo _.

¿Cuándo se usan las variables comodín?

Las variables comodín son útiles en situaciones donde necesitas cumplir con la sintaxis de Dart, pero no necesitas usar el valor de una variable. Algunos casos comunes incluyen:

- Parámetros de función: Cuando una función tiene un parámetro que no se utiliza dentro de su cuerpo.

- Valores de retorno: Cuando una función devuelve múltiples valores, pero solo te interesan algunos de ellos.

- Iteraciones: Cuando iteras sobre una lista o mapa, pero no necesitas el índice o la clave.

- Las variables comodín no tienen un valor real.
- No se pueden usar en expresiones.
- Son útiles para mejorar la legibilidad del código al indicar claramente que un valor no se va a utilizar.

Ejemplo: variable comodín o wildcard variable.

```
void main() {
  // Declaramos una tupla con tres valores:
  // "Dart" (nombre), "IDE" (un valor que no usaremos), y 2011
(fecha de presentación).
  var (nombre, _, fechaPresentacion) = ("Dart", "IDE", 2011);

  // La variable comodín '_' se usa para ignorar el segundo valor
de la tupla ("IDE").
  // Esto es útil cuando no necesitas usar un valor específico,
pero la sintaxis requiere que haya una variable.

  // Imprimimos el nombre y la fecha de presentación.
  print("Lenguaje: $nombre, Año presentacion: $fechaPresentacion");
}
```

la variable comodín _ nos permite "ignorar" o descartar un valor que no necesitamos usar en nuestro código. Esto hace que el código sea más limpio y legible al evitar declarar variables innecesarias.

Conversión de Variables

Dart permite convertir variables de un tipo de dato a otro.

Ejemplos:

```
// String a int
var numero = int.parse('123');
// int a String
var texto = 123.toString();
// double a String
var textoDecimal = 12.34.toStringAsFixed(2);
```

Resumen

Las variables son fundamentales para almacenar y manipular datos en Dart. Este capítulo ha cubierto los conceptos básicos de las variables, incluyendo la declaración, los tipos de datos, la asignación de valores y el uso de diferentes tipos de variables, como String, int, double, bool, List, Map, Set, Rune y Object.

Preguntas teóricas

1. ¿Qué es una variable y para qué se utiliza en programación?
2. ¿Cuáles son las reglas para nombrar variables en Dart?
3. ¿Qué diferencia hay entre las variables final y const?
4. ¿Cómo se crea un String multilínea en Dart?
5. ¿Qué es una lista y cómo se accede a sus elementos?
6. ¿Qué es un mapa y cómo se accede a sus valores?
7. ¿Qué es un conjunto y en qué se diferencia de una lista?
8. ¿Qué es un Rune y para qué se utiliza?
9. ¿Cómo se convierte un int a un String en Dart?
10. ¿Cómo se convierte un String a un int en Dart?
11. ¿Qué es el tipo de dato Object en Dart?

12. ¿Qué significa la palabra clave var y cómo se utiliza?

13. ¿Cuándo es útil utilizar la palabra clave dynamic?

Ejercicios

1. Declara una variable llamada nombre de tipo String y asígnale tu nombre.

2. Declara una variable llamada edad de tipo int y asígnale tu edad.

3. Declara una variable llamada precio de tipo double y asígnale un valor con decimales.

4. Declara una variable llamada esMayorDeEdad de tipo bool y asígnale un valor booleano.

5. Crea una lista llamada colores que contenga los nombres de tres colores.

6. Imprime la longitud de la lista colores.

7. Accede al segundo elemento de la lista colores e imprímelo.

8. Crea un String multilínea que contenga una breve descripción de ti mismo.

9. Utiliza el método contains() para verificar si el String "Dart" está presente en la descripción que creaste en el ejercicio anterior.

10. Crea una variable final llamada pais y asígnale el nombre de tu país.

11. Crea un mapa llamado persona que contenga la clave nombre con tu nombre y la clave edad con tu edad.

12. Agrega una nueva clave ciudad al mapa persona con el nombre de tu ciudad.

13. Crea un conjunto llamado lenguajes que contenga los nombres de tres lenguajes de programación.

14. Imprime el número de elementos en el conjunto lenguajes.

15. Convierte la variable edad (del ejercicio 2) a un String e imprímelo.

16. Crea una variable de tipo Object y asígnale un valor numérico. Luego, cambia el valor de la variable a un String.

Capítulo 7 — Funciones

Objetivos

Al finalizar este capítulo, serás capaz de:

- Comprender el concepto de función y su importancia en la programación.

- Identificar las partes de una función en Dart.

- Crear y utilizar funciones simples, con valor de retorno y recursivas.

- Trabajar con parámetros opcionales y obligatorios, nombrados y posicionales.

- Asignar valores predeterminados a los parámetros de una función.

- Utilizar funciones anónimas (closures o lambdas).

- Aplicar la sintaxis corta y larga para definir funciones.

- Comprender el concepto de cascada y su utilidad, incluyendo su relación con las funciones.

- Diferenciar entre funciones y métodos.

Introducción

Las funciones son bloques de código reutilizables que realizan una tarea específica. Son esenciales para organizar y modularizar el código, lo que facilita su lectura, mantenimiento y reutilización. En Dart, las funciones son objetos de primera clase, lo que significa que pueden ser asignadas a variables y pasadas como argumentos a otras funciones. Este capítulo te guiará a través de los conceptos básicos de las funciones en Dart, incluyendo cómo definirlas, llamarlas y utilizar diferentes tipos de funciones.

La Función main()

Toda aplicación en Dart comienza con la función main(). Es el punto de entrada del programa y la primera función que se ejecuta.

```
void main() {
  // Código de la aplicación
}
```

Partes de una Función

Una función en Dart se compone de las siguientes partes:

- Nombre: Identificador que da nombre a la función.

- Parámetros: Valores de entrada que la función puede recibir.

- Cuerpo: Bloque de código que se ejecuta cuando se llama a la función.

- Valor de retorno: Valor que la función devuelve después de ejecutarse.

Tipos de Funciones

En Dart, las funciones se pueden clasificar en tres tipos:

- Funciones simples: No devuelven ningún valor (void).

- Funciones con valor de retorno: Devuelven un valor de un tipo de dato específico.

- Funciones recursivas: Se llaman a sí mismas dentro de su propio cuerpo.

Parámetros

Las funciones pueden recibir parámetros, que son valores de entrada que se utilizan en el cuerpo de la función. Los parámetros pueden ser:

- Obligatorios: Deben proporcionarse al llamar a la función.

- Opcionales: Pueden proporcionarse o no al llamar a la función.

Los parámetros opcionales pueden ser:

- Nombrados: Se identifican por su nombre al llamar a la función.

- Posicionales: Se identifican por su posición en la lista de parámetros.

Ejemplo:

```
int resta(int edadL, int edadN) {
  return edadL - edadN;
}
void main() {
  int resultado = resta(62, 22);
  print(resultado);
}
```

Valores Predeterminados

Los parámetros opcionales pueden tener valores predeterminados. Si no se proporciona un valor para un parámetro opcional al llamar a la función, se utilizará el valor predeterminado.

También puedes mandar el valor de parámetro 1 ó de parámetro 2 o ambos o de ninguno. si no se envia parámetro se tomará el predeterminado.

A continuación un ejemplo en donde se muestran las diferentes posibilidades en cuanto a la asignación de parámetros.

```dart
int calcularDiferenciaEdad({int edad1 = 0, int edad2 = 0}) {

  return edad1 - edad2;

}

void main() {

  // Caso 1: No se proporcionan valores, se usan los predeterminados (0 y 0)

    int diferencia1 = calcularDiferenciaEdad();

  print('Diferencia 1: $diferencia1'); // Imprime: Diferencia 1: 0


  // Caso 2: Se proporciona solo edad1, edad2 usa el valor predeterminado (0)

    int diferencia2 = calcularDiferenciaEdad(edad1: 62);

    print('Diferencia 2: $diferencia2'); // Imprime: Diferencia 2: 62

    // Caso 3: Se proporcionan ambos valores

   int diferencia3 = calcularDiferenciaEdad(edad1: 62, edad2: 15);

    print('Diferencia 3: $diferencia3'); // Imprime: Diferencia 3: 10

     // Caso 4: Se proporciona solo edadL, edad2 usa el valor predeterminado (0)


  int diferencia4 = calcularDiferenciaEdad(edad2: 22);

  print('Diferencia 4: $diferencia4'); // Imprime: Diferencia 2: -22

}
```

Observa el código y el resultado en dartpad.dev

```
 2
 3
 4
 5
 6 int calcularDiferenciaEdad({int edad1 = 0, int
   edad2 = 0}) {
 7   return edad1 - edad2;
 8 }
 9
10 void main() {
11   // Caso 1: No se proporcionan valores, se
   usan los predeterminados (0 y 0)
12
13   int diferencia1 = calcularDiferenciaEdad();
14   print('Diferencia 1: $diferencia1'); //
   Imprime: Diferencia 1: 0
15
16
17   // Caso 2: Se proporciona solo edad1, edad2
   usa el valor predeterminado (0)
18
19   int diferencia2 =
   calcularDiferenciaEdad(edad1: 62);
20
21   print('Diferencia 2: $diferencia2'); //
   Imprime: Diferencia 2: 62
22
23
24
25   // Caso 3: Se proporcionan ambos valores
26
27   int diferencia3 =
   calcularDiferenciaEdad(edad1: 62, edad2: 15);
28
29   print('Diferencia 3: $diferencia3'); //
   Imprime: Diferencia 3: 47
30
31   // Caso 4: Se proporciona solo edad1,
   edad2 usa el valor predeterminado (0)
32
33   int diferencia4 =
   calcularDiferenciaEdad(edad2: 22);
34   print('Diferencia 4: $diferencia4'); //
   Imprime: Diferencia 2: -22
35 }
```

Diferencia 1: 0
Diferencia 2: 62
Diferencia 3: 47
Diferencia 4: -22

Cascadas

Las cascadas (..) permiten encadenar varias operaciones en el mismo objeto. Esto es especialmente útil cuando se trabaja con funciones (métodos) que modifican el objeto.

Ejemplo:

```
class Carro {

  String marca = '';

  String color = '';

  void arrancar() {

    print('El carro está arrancando.');

  }

  void acelerar() {

    print('El carro está acelerando.');

  }

  void frenar() {

    print('El carro está frenando.');

  }
```

```dart
}

void main() {
  var miCarro = Carro()
    ..marca = 'Toyota'
    ..color = 'Rojo'
    ..arrancar()
    ..acelerar()
    ..frenar();
}
```

En este ejemplo, la cascada nos permite llamar a varios métodos del objeto miCarro de forma concisa y legible.

Relación con las funciones:

Las cascadas simplifican el código cuando necesitas hacer varias llamadas a métodos de un mismo objeto. Como los métodos son funciones asociadas a un objeto, las cascadas te permiten encadenar llamadas a funciones de ese objeto. Además de llamar a métodos, las cascadas también te permiten acceder a los miembros (propiedades) de un objeto.

Funciones Anónimas (Closures c Lambdas)

Las funciones anónimas son funciones que no tienen un nombre. Se definen utilizando la siguiente sintaxis:

```dart
(parámetros) {
  // Cuerpo de la función
}
```

Ejemplo:

```dart
var lista = [1, 2, 3];
lista.forEach((elemento) {
  print(elemento * 2);
});
```

Sintaxis Corta

Dart permite definir funciones con una sintaxis más corta utilizando =>.

Ejemplo:

```
int sumar(int a, int b) => a + b;
```

Funciones vs. Métodos

- Una función es un bloque de código independiente.

- Un método es una función que está asociada a un objeto.

Resumen

Las funciones son bloques de código reutilizables que realizan tareas específicas. En Dart, las funciones son objetos de primera clase y se pueden clasificar en funciones simples, con valor de retorno y recursivas. Los parámetros pueden ser obligatorios u opcionales, nombrados o posicionales. Las funciones anónimas (closures o lambdas) son funciones sin nombre. Dart permite definir funciones con una sintaxis corta utilizando =>. Las cascadas simplifican el trabajo con objetos, incluyendo la llamada a sus métodos.

Preguntas teóricas

1. ¿Qué es una función y para qué se utiliza en programación?

2. ¿Cuáles son las partes de una función en Dart?

3. ¿Qué diferencia hay entre una función simple y una función con valor de retorno?

4. ¿Qué son los parámetros nombrados y posicionales?

5. ¿Qué es una función anónima (closure o lambda)?

6. ¿Qué es una cascada y cómo se utiliza? ¿Cómo se relaciona con las funciones?

7. ¿Cuál es la diferencia entre función y método?

Ejercicios

1. Crea una función llamada saludar que imprima un saludo personalizado con el nombre de una persona.

2. Crea una función llamada calcularArea que calcule el área de un rectángulo. La función debe recibir dos parámetros: la base y la altura del rectángulo.

3. Crea una función llamada esPar que determine si un número es par o impar. La función debe devolver true si el número es par y false si es impar.

4. Crea una función recursiva llamada factorial que calcule el factorial de un número.

5. Crea una función anónima que reciba una lista de números y devuelva una nueva lista con los números multiplicados por 2.

6. Crea una clase Persona con los métodos saludar(), caminar() y dormir(). Utiliza una cascada para llamar a los tres métodos en secuencia.

Capítulo 8 — Clases en Dart

Objetivos

Al finalizar este capítulo, serás capaz de:

- Comprender el concepto de clase y su rol en la Programación Orientada a Objetos (POO).

- Identificar las partes de una clase: variables, funciones (métodos), constructores, getters y setters.

- Crear clases en Dart utilizando la palabra clave class.

- Instanciar objetos a partir de una clase.

- Utilizar constructores para inicializar objetos.

- Definir métodos dentro de una clase para representar el comportamiento de los objetos.

- Comprender la herencia y cómo las clases pueden extenderse.

- Utilizar la extensión de métodos para agregar funcionalidad a las clases existentes.

Introducción

Las clases son la base de la POO en Dart. Actúan como plantillas o moldes para crear objetos, que son instancias de la clase. Cada objeto tiene sus propias propiedades (variables) y comportamientos (métodos). Este capítulo te guiará a través de los conceptos básicos de las clases en Dart, incluyendo cómo definirlas, crear objetos y utilizar sus miembros.

Definiendo una Clase

Para definir una clase en Dart, se utiliza la palabra clave class seguida del nombre de la clase. El nombre de la clase debe comenzar con una letra mayúscula.

```
class Persona {
  // Miembros de la clase (variables, métodos, etc.)
}
```

Objetos

Un objeto es una instancia de una clase. Para crear un objeto, se utiliza el nombre de la clase seguido de paréntesis.

var persona = Persona();

En versiones anteriores de Dart, se utilizaba la palabra clave new para crear objetos, pero ahora es opcional.

Constructores

Los constructores son métodos especiales que se utilizan para inicializar las propiedades de un objeto cuando se crea.

```
class Persona {
  String nombre;
  int edad;
  Persona(this.nombre, this.edad);
  void verNombre() {
    print(nombre);
    print(edad);
  }
}
void main() {
  var persona1 = Persona('Ayalita', 62);
  persona1.verNombre(); // Imprime: Juan
}
```

Métodos

Los métodos son funciones que están asociadas a una clase. Definen el comportamiento de los objetos.

```
class Persona {
  String nombre;
  int edad;
  Persona(this.nombre, this.edad);
  void saludar() {
    print("Hola, mi nombre es $nombre y tengo $edad años.");
  }
}
```

Getters y Setters

Los getters y setters son métodos especiales que se utilizan para acceder y modificar las propiedades de un objeto. [1]

```
class Persona {
  String _nombre;
  int _edad;
  Persona(this._nombre, this._edad);
  String get nombre => _nombre;
  set nombre(String nuevoNombre) {
    _nombre = nuevoNombre;
  }
  int get edad => _edad;
  set edad(int nuevaEdad) {
    if (nuevaEdad >= 0) {
      _edad = nuevaEdad;
    }
  }
}
```

Herencia

La herencia permite crear nuevas clases (subclases) que heredan propiedades y métodos de una clase existente (superclase).

```
class Estudiante extends Persona {
  String carrera;
  Estudiante(String nombre, int edad, this.carrera) : super(nombre, edad);
  void estudiar() {
    print("$nombre está estudiando $carrera.");
  }
}
```

Extensión de Métodos

La extensión de métodos permite agregar nuevos métodos a una clase existente sin modificarla directamente.

```
extension MiExtension on String {
  String agregarSaludo() {
    return "Hola, $this!";
  }
}
void main() {
  String nombre = "Ninoska";
  print(nombre.agregarSaludo()); // Imprime "Hola, Ninoska!"
}
```

Resumen

Las clases son la base de la POO en Dart. Permiten crear objetos con propiedades y comportamientos. Los constructores inicializan los objetos, los métodos definen su comportamiento, y los getters y setters controlan el acceso a las propiedades. La herencia permite crear nuevas clases que heredan de clases existentes, y la extensión de métodos permite agregar funcionalidad a las clases sin modificarlas directamente.

Preguntas Teóricas

1. ¿Qué es una clase y para qué se utiliza en POO?

2. ¿Qué es un constructor y cuál es su función?

3. ¿Cuál es la diferencia entre una función y un método?

4. ¿Qué son los getters y setters?

5. ¿Qué es la herencia y cómo se implementa en Dart?

6. ¿Qué es la extensión de métodos y para qué se utiliza?

7.

Ejercicios

1. Crea una clase Perro con las propiedades nombre y raza. Define un constructor para inicializar estas propiedades.

2. Agrega un método ladrar() a la clase Perro que imprima el sonido "Guau!".

3. Crea una clase Gato que herede de la clase Animal. Agrega una propiedad color y un método maullar().

4. Crea una extensión de método para la clase int que devuelva el cuadrado del número.

Capítulo 9 — Constructores

Objetivos

Al finalizar este capítulo, serás capaz de:

- Comprender el concepto de constructor y su función en la creación de objetos.

- Identificar los diferentes tipos de constructores en Dart: predeterminado, con parámetros, con nombre y constante.

- Implementar constructores en tus clases para inicializar objetos.

- Utilizar constructores con nombre para proporcionar múltiples formas de crear objetos.

- Inicializar listas y mapas en los constructores.

- Comprender la sintaxis y las reglas para definir constructores.

Introducción

Los constructores son métodos especiales que se utilizan para crear e inicializar objetos de una clase. Cuando se crea un nuevo objeto, el constructor se ejecuta automáticamente para asignar valores iniciales a las propiedades del objeto. En Dart, existen diferentes tipos de constructores que te permiten personalizar la forma en que se crean los objetos. Este capítulo te guiará a través de los conceptos básicos de los constructores en Dart, incluyendo cómo definirlos, utilizarlos y elegir el tipo de constructor adecuado para tus necesidades.

Tipos de Constructores

Dart ofrece varios tipos de constructores:

- Constructor predeterminado: Si no defines ningún constructor en tu clase, Dart proporciona un constructor predeterminado sin argumentos.

- Constructor con parámetros: Puedes definir constructores que reciben parámetros para inicializar las propiedades del objeto.

- Constructor nombrados: Puedes definir constructores con nombre para proporcionar diferentes formas de crear objetos de la misma clase.

- Constructor constante: Se utiliza para crear objetos constantes, cuyos valores se conocen en tiempo de compilación.

- Constructores de fabrica(Factory): Utilizado cuando no se necesita crear una instancia de una clase cada vez que se llama al constructor. Puede usar una instancia ya existente o crear una nueva bajo ciertas circunstancias.

- Constructores redireccionales

Sintaxis de los Constructores

La sintaxis básica para definir un constructor es la siguiente:

```
class NombreDeLaClase {
  // Propiedades de la clase
  NombreDeLaClase(parámetros) {
    // Inicialización de las propiedades
  }
}
```

Ejemplo:

```
// Clase que representa un vehículo
class Vehiculo {
  String marca;
  String modelo;
  String propietario;
  int anio;
  String color;
  Vehiculo(this.marca, this.modelo, this.anio, this.propietario,
this.color);
  void mostrarInformacion() {
    print('Marca:      $marca');
    print('Modelo:     $modelo');
    print('Año:        $anio');
    print('Propietario: $propietario');
    print('Color:      $color'); // Se muestra el color
  }
}
```

```
void main() {
    // Se agrega el color al crear el objeto
    var miJeep = Vehiculo('Jeep', 'Wrangler', 2025, "La Vaca", "rojo");
    miJeep.mostrarInformacion();
}
```

Salida en consola es:

```
Marca:       Jeep
Modelo:      Wrangler
Año:         2025
Propietario: La Vaca
Color:       rojo
```

Observa el código y salida en dartpad.

Constructores predeterminados

Es un constructor generado automáticamente por el compilador cuando no se ha asignado un constructor.

Este constructor no tiene argumentoes y no realiza inicialización especial. Solo crea una instancia de una clase.

Ejemplo: Constructor predeterminado.

```
class MiConstructorPredeterminado {
    int valor = 0; // Declaración e inicialización de la variable 'valor'
con el valor predeterminado 0.

    String mensaje = ''; // Declaración e inicialización de la variable
'mensaje' con una cadena vacía como valor predeterminado.
```

```
  void mostrarValor() {

    print('Valor: $valor, Mensaje: $mensaje'); // Método para imprimir
los valores de 'valor' y 'mensaje'.

  }

}

void main() {

  var objeto = MiConstructorPredeterminado(); // Creación de una
instancia de 'MiConstructorPredeterminado' utilizando el constructor
predeterminado (sin argumentos).

  objeto.mostrarValor(); // Llamada al método 'mostrarValor' para
imprimir los valores iniciales de las variables.

  // La salida será: Valor: 0, Mensaje:

}
```

Constructores nombrados

Los constructores con nombre te permiten definir múltiples constructores en la misma
clase. Se definen utilizando el nombre de la clase seguido de un punto y el nombre del
constructor.

Ejemplo:

```
class Punto {

  double x;

  double y;

  Punto(this.x, this.y);

  Punto.origen() : x = 0, y = 0;

  Punto.desdeLista(List<double> coordenadas) : x = 0.0, y = 0.0 {

    if (coordenadas.length >= 2) {

      x = coordenadas[0];

      y = coordenadas[1];

    } else {

      throw ArgumentError('La lista debe tener al menos dos
coordenadas.');

    }

  }

}
```

```dart
void main() {
  // Ejemplo de uso del constructor normal
  var punto1 = Punto(5, 10);
  print('Punto 1: x = ${punto1.x}, y = ${punto1.y}');
  // Ejemplo de uso del constructor con nombre "origen"
  var punto2 = Punto.origen();
  print('Punto 2 (origen): x = ${punto2.x}, y = ${punto2.y}');
  // Ejemplo de uso del constructor con nombre "desdeLista"
  var coordenadas = [3.0, 7.0];
  var punto3 = Punto.desdeLista(coordenadas);
  print('Punto 3 (desdeLista): x = ${punto3.x}, y = ${punto3.y}');
  // Ejemplo de uso con lista de longitud incorrecta
  var coordenadas2 = [3.0];
  try {
    var punto4 = Punto.desdeLista(coordenadas2);
      print('Punto 4 (desdeLista): x = ${punto4.x}, y = ${punto4.y}');
  } catch (e) {
    print('Error: $e');
  }
}
```

Constructores Constantes

Los constructores constantes se utilizan para crear objetos constantes. Estos objetos son inmutables y sus valores se conocen en tiempo de compilación.

Ejemplo:

```dart
class Color {
  final int rojo;
  final int verde;
  final int azul;
  const Color(this.rojo, this.verde, this.azul);
  // Método para mostrar el color en formato RGB
```

```dart
  String toRGB() {

    return 'RGB($rojo, $verde, $azul)';

  }

}

void main() {

  // Ejemplos de uso de la clase Color

  const rojo = Color(255, 0, 0);

  const verde = Color(0, 255, 0);

  const azul = Color(0, 0, 255);

  const amarillo = Color(255, 255, 0);

  const morado = Color(128, 0, 128);

  // Mostrar los colores en formato RGB

  print('Rojo: ${rojo.toRGB()}');

  print('Verde: ${verde.toRGB()}');

  print('Azul: ${azul.toRGB()}');

  print('Amarillo: ${amarillo.toRGB()}');

  print('Morado: ${morado.toRGB()}');

}
```

Constructores Factory o de fabrica.

Se definen con la palabra reservada factory

En Dart, un constructor de fábrica (factory constructor) es un constructor que no necesariamente crea una nueva instancia de su clase. En lugar de eso, puede:

- Devolver una instancia existente.

- Devolver una instancia de una subclase.

- Realizar alguna otra lógica antes de devolver una instancia.

Los constructores de fábrica son útiles cuando necesitas una lógica de creación de objetos más compleja que la que puede proporcionar un constructor estándar.

Tienen las siguientes características:

- **Palabra clave factory:** Se definen utilizando la palabra clave factory antes del nombre del constructor.

- **Flexibilidad:** Permiten controlar la creación de objetos de manera más flexible.

- **Patrón Singleton:** Se utilizan comúnmente para implementar el patrón singleton, donde solo se permite una única instancia de una clase.

Ejemplo:

```
class Singleton {
  static Singleton? _instance;
  // Constructor de fábrica
  factory Singleton() {
    _instance ??= Singleton._internal();
    return _instance!;
  }
  // Constructor privado para evitar instanciación externa
  Singleton._internal();

  void mostrarMensaje() {
    print("Esta es una única instancia de la clase Singleton.");
  }
}
void main() {
  var obj1 = Singleton();
  var obj2 = Singleton();

  print(obj1 == obj2); // true, ambas referencias apuntan al mismo objeto
}
```

El resultado en consola será true.

Constructores redireccionales:

En Dart, un **constructor redireccional** (redirecting constructor) es un constructor que en lugar de inicializar una nueva instancia directamente, redirige la creación del objeto a otro constructor de la misma clase. Se usa con la sintaxis : this(...).

Características principales:

- Se usa cuando varios constructores necesitan inicializar una instancia de manera similar.

- Reduce la repetición de código al delegar la creación del objeto a otro constructor.

- Se define usando : this(...) en la lista de inicialización.

```
// Definición de la clase con un constructor redireccional
class ConstructorRedireccional {
  String nombre;
  int edad;
  // Constructor principal que inicializa los atributos 'nombre' y
'edad'.
  ConstructorRedireccional(this.nombre, this.edad);
  // Constructor redireccional que recibe solo el nombre
  // y asigna un valor por defecto de 43 años a la edad.
  ConstructorRedireccional.soloNombre(String nombre) : this(nombre, 43);
  // Método para mostrar la información del objeto
  void mostrarInfo() {
    print("Nombre: $nombre, Edad: $edad");
  }
}
void main() {
  // Se crea un objeto usando el constructor principal, proporcionando
nombre y edad.
  var p1 = ConstructorRedireccional("Luis Ayala Ponce", 63);
  // Se crea otro objeto usando el constructor redireccional,
  // que asigna la edad por defecto de 43 años.
  var p2 = ConstructorRedireccional.soloNombre("Yessy Arriaga Mendez");
  // Se muestran los datos de los objetos creados.
  p1.mostrarInfo(); // Salida esperada: Nombre: Luis Ayala Ponce, Edad:
63
  p2.mostrarInfo(); // Salida esperada: Nombre: Yessy Arriaga Mendez,
Edad: 43
```

```
}
```

Inicialización de Listas y Mapas

Puedes inicializar listas y mapas en los constructores utilizando la siguiente sintaxis:

```dart
class MiClase {

  List<int> numeros;

  Map<String, dynamic> datos;

  MiClase(this.numeros, this.datos);

  void mostrarNumeros() {

    print('Números: $numeros');

  }

  void mostrarDatos() {

    print('Datos:');

    datos.forEach((clave, valor) {

      print('$clave: $valor');

    });

  }

}

void main() {

  List<int> numeros = [15, 17, 18, 19, 20];

  Map<String, dynamic> datos = {

    'nombre': 'Katherin',

    'edad': 26,

    'Ciudad': 'Santa Cruz De Yojoa'

  };

  MiClase miObjeto = MiClase(numeros, datos);

  miObjeto.mostrarNumeros();

  miObjeto.mostrarDatos();

}
```

Resumen

Los constructores son métodos especiales que se utilizan para crear e inicializar objetos de una clase. Dart ofrece diferentes tipos de constructores, como el constructor predeterminado, constructores con parámetros, constructores con nombre y constructores constantes. Puedes utilizar constructores con nombre para proporcionar múltiples formas de crear objetos, y puedes inicializar listas y mapas en los constructores.

Preguntas Teóricas

1. ¿Qué es un constructor y para qué se utiliza?

2. ¿Cuáles son los diferentes tipos de constructores en Dart?

3. ¿Cómo se define un constructor con nombre?

4. ¿Qué es un constructor constante y cuándo se utiliza?

5. ¿Cómo se inicializan listas y mapas en un constructor?

6.

Ejercicios

1. Crea una clase Rectangulo con las propiedades ancho y alto. Define un constructor que reciba estos valores como parámetros.

2. Agrega un constructor con nombre cuadrado a la clase Rectangulo que reciba un solo parámetro para el lado del cuadrado.

3. Crea una clase Estudiante con las propiedades nombre, edad y notas. Inicializa la propiedad notas con una lista vacía en el constructor.

4. Crea una clase Color con las propiedades rojo, verde y azul. Define un constructor constante para esta clase.

Capítulo 10 — Métodos

Objetivos

Al finalizar este capítulo, serás capaz de:

- Comprender el concepto de método y su rol en la Programación Orientada a Objetos.

- Diferenciar entre métodos y funciones.

- Identificar los diferentes tipos de métodos: de instancia, estáticos, abstractos y genéricos.

- Crear métodos en tus clases para definir el comportamiento de los objetos.

- Utilizar métodos predefinidos de Dart para realizar operaciones comunes.

- Implementar la extensión de métodos para agregar funcionalidad a clases existentes.

- Comprender la importancia de los métodos en el diseño de clases y la POO.

Introducción

Los métodos son funciones que están asociadas a una clase. Definen el comportamiento de los objetos, es decir, qué acciones pueden realizar. En Dart, los métodos son una parte fundamental de la POO, ya que te permiten modelar el mundo real de forma más precisa y organizada. Este capítulo te guiará a través de los conceptos básicos de los métodos en Dart, incluyendo cómo definirlos, llamarlos y utilizar diferentes tipos de métodos.

Métodos vs. Funciones

Aunque los métodos son funciones, hay una diferencia clave:

- Función: Un bloque de código independiente que realiza una tarea específica.

- Método: Una función que está asociada a un objeto y opera sobre sus datos.

Métodos de Instancia

Los métodos de instancia son los más comunes. Se llaman en una instancia específica de una clase (un objeto).

Ejemplo:

```
class Perro {
  String nombre;
```

```
  Perro(this.nombre);

  void ladrar() {

    print('$nombre ladran: Guau!, Guau!');

  }

}

void main() {

  var miPerro = Perro('Sutil y Poky');

  miPerro.ladrar();

}
```

Ejemplo de Constructores y métodos

```
class Vehiculo {
  // Propiedades del vehículo
  String marca;
  String modelo;
  String color;
  int anio;
  String propietario;

  // Constructor de la clase Vehiculo
  // Inicializa las propiedades al crear un objeto Vehiculo
  Vehiculo(this.marca, this.modelo, this.color, this.anio,
this.propietario);

  // Método para mostrar la información del vehículo
  void mostrarInformacion() {
    print('Este es un $marca $modelo');
    print('Color: $color');
    print('Año: $anio');
     print('Dueño: $propietario');
  }

  // Método para simular el encendido del motor
  void encenderMotor() {
    print('¡El motor del $marca $modelo está encendido!');
  }

  // Método para cambiar el color del vehículo
  void cambiarColor(String nuevoColor) {
    color = nuevoColor;
    print('¡El $marca $modelo ahora es de color $color!');
  }
}
```

```
void main() {
  // Se crea un objeto Veh_culo (Jeep Wrangler) usando el constructor
  var miJeep = Vehiculo('Jeep', 'Wrangler', 'Rojo', 2026, "La Vaca");

  // Se llaman a los métodos del objeto miJeep
  miJeep.mostrarInformacion(); // Muestra la información inicial
  miJeep.encenderMotor();    // Simula el encendido del motor

  miJeep.cambiarColor('Blanco'); // Cambia el color a blanco
  miJeep.mostrarInformacion(); // Vuelve a mostrar la información con el
color actualizado
}
```

Explicación:

class Vehiculo: Se define la clase Vehiculo con las propiedades marca, modelo, color, año y dueño.

1. **Vehiculo(this.marca, this.modelo, this.color, this.anio, this.dueño):** Este es el constructor. Recibe cinco argumentos (marca, modelo, color, año y dueño) y los asigna a las propiedades correspondientes del objeto que se está creando.

2. **void mostrarInformacion():** Este método imprime en la consola la información del vehículo: marca, modelo, color ,año y dueño.

3. **void encenderMotor():** Este método simula el encendido del motor e imprime un mensaje en la consola.

4. **void cambiarColor(String nuevoColor):** Este método permite cambiar el color del vehículo. Recibe como argumento el nuevo color y lo asigna a la propiedad color del objeto.

5. **void main():** La función main() es el punto de entrada del programa.

   o Se crea un objeto Vehiculo llamado miJeep utilizando el constructor y se le asignan los valores: 'Jeep' (marca), 'Wrangler' (modelo), 'Rojo' (color) y 2026 (año).

   o Se llama al método mostrarInformacion() para mostrar la información inicial del vehículo.

   o Se llama al método encenderMotor() para simular el encendido del motor.

   o Se llama al método cambiarColor() para cambiar el color del vehículo a negro.

- o Se vuelve a llamar al método mostrarInformacion() para mostrar la información actualizada del vehículo (con el nuevo color).

Este ejemplo combina la creación de un objeto Vehiculo utilizando un constructor y la llamada a métodos para interactuar con el objeto y modificar sus propiedades. Los comentarios ayudan a identificar cada parte del código.

Métodos Estáticos

Los métodos estáticos pertenecen a la clase en sí, no a una instancia específica. Se llaman utilizando el nombre de la clase.

Ejemplo:

```
class Matematicas {

  static int sumar(int a, int b) {

    return a + b;

  }

}

void main() {

  int resultado = Matematicas.sumar(5, 3); // Llamada al método estático

  print(resultado); // Imprime 8

}
```

Métodos Abstractos

Los métodos abstractos se declaran en una clase abstracta y no tienen una implementación. Las subclases que heredan de la clase abstracta deben proporcionar una implementación para los métodos abstractos.

Ejemplo:

```
abstract class Figura {

  double calcularArea(); // Método abstracto

}

class Circulo extends Figura {

  double radio;

  Circulo(this.radio);
```

```
  @override

  double calcularArea() {

    return 3.14159 * radio * radio;

  }

}

void main() {

  Circulo miCirculo = Circulo(15); // Crear un objeto Circulo con radio 5

  double area = miCirculo.calcularArea(); // Calcular el área del círculo

  print('El área del círculo es: ${area.toStringAsFixed(2)}'); // Mostrar
el resultado en la consola

}
```

Métodos Genéricos

Los métodos genéricos te permiten trabajar con diferentes tipos de datos sin tener que escribir código repetitivo.

Ejemplo:

```
primerElemento<T>(List<T> lista) {

  return lista[0];

}

void main() {

  var listaNumeros = [1, 2  3];

  var primerNumero = primerElemento(listaNumeros); // Infiere el tipo int

  print(primerNumero); // Imprime 1

  var listaCadenas = ['a', 'b', 'c'];

  var primeraCadena = primerElemento(listaCadenas); // Infiere el tipo
String

  print(primeraCadena); // Imprime "a"

}
```

Extensión de Métodos

La extensión de métodos te permite agregar nuevos métodos a una clase existente sin modificarla directamente.

Ejemplo:

```
extension MiExtension on String {

  String agregarSaludo() {

    return "Hi!, $this!";

  }

}

void main() {

  String nombre = "Lurbing";

  print(nombre.agregarSaludo()); // Imprime "Hi! Lurbing!"

}
```

Métodos Predefinidos de Dart

Dart ofrece una variedad de métodos predefinidos para trabajar con diferentes tipos de datos, como listas, cadenas, mapas, etc. Algunos ejemplos son:

- clear(): Borra los elementos de una lista.
- first: Devuelve el primer elemento de una lista.
- last: Devuelve el último elemento de una lista.
- length: Devuelve la longitud de una lista.
- reversed: Devuelve una lista con los elementos en orden inverso.
- sublist(): Crea una sublista a partir de una lista.
- removeLast(): Elimina el último elemento de una lista.
- remove(): Elimina un elemento específico de una lista.
- indexOf(): Devuelve el índice de un elemento en una lista.
- getRange(): Devuelve un rango de elementos de una lista.
- lastIndexOf(): Devuelve el último índice de un elemento en una lista.
- cast(): Convierte una lista a un tipo diferente.
- contains(): Verifica si una lista contiene un elemento específico.
- elementAt(): Devuelve el elemento en un índice específico de una lista.
- hashCode: Devuelve el código hash de una lista.

- isEmpty: Verifica si una lista está vacía.

- isNotEmpty: Verifica si una lista no está vacía.

- join(): Une los elementos de una lista en una cadena.

- runtimeType: Devuelve el tipo de una lista en tiempo de ejecución.

- single: Devuelve el único elemento de una lista (lanza una excepción si la lista no tiene exactamente un elemento).

- skip(): Omite un número específico de elementos de una lista.

Resumen

Los métodos son funciones que definen el comportamiento de los objetos en Dart. Existen diferentes tipos de métodos, como los métodos de instancia, estáticos, abstractos y genéricos. La extensión de métodos te permite agregar nueva funcionalidad a las clases existentes. Dart ofrece una variedad de métodos predefinidos para trabajar con diferentes tipos de datos.

Preguntas Teóricas

1. ¿Cuál es la diferencia entre un método y una función?

2. ¿Qué son los métodos de instancia?

3. ¿Qué son los métodos estáticos?

4. ¿Qué son los métodos abstractos?

5. ¿Qué son los métodos genéricos?

6. ¿Cómo se utiliza la extensión de métodos?

7. ¿Para qué sirve el método clear() en una lista?

8. ¿Para qué sirve el método first en una lista?

9. ¿Para qué sirve el método length en una lista?

10. ¿Para qué sirve el método reversed en una lista?

Ejercicios

1. Crea una clase Círculo con la propiedad radio. Define un método calcularArea() que calcule el área del círculo.

2. Crea una clase Calculadora con un método estático sumar() que sume dos números.

3. Crea una clase abstracta Animal con un método abstracto hacerSonido(). Crea dos clases que hereden de Animal (por ejemplo, Perro y Gato) e implementa el método hacerSonido() en cada una.

4. Crea un método genérico que devuelva el elemento mayor de una lista.

Capítulo 11 — Genéricos en Dart

Objetivos

Al finalizar este capítulo, serás capaz de:

- Comprender el concepto de genéricos y su utilidad en la programación.

- Utilizar la sintaxis de genéricos con los símbolos < >.

- Crear listas, mapas y conjuntos genéricos para restringir los tipos de datos que pueden contener.

- Implementar clases y métodos genéricos para trabajar con diferentes tipos de datos de forma flexible.

- Comprender la importancia de los genéricos en la seguridad de tipos y la reutilización de código.

- Restringir los tipos de datos que se pueden usar como argumentos genéricos.

Introducción

Los genéricos son una herramienta poderosa en Dart que te permite escribir código más flexible y reutilizable. Te permiten definir clases, métodos y colecciones que pueden trabajar con diferentes tipos de datos sin perder la seguridad de tipos. En este capítulo, exploraremos los conceptos básicos de los genéricos en Dart, incluyendo cómo crear listas, mapas y conjuntos genéricos, así como cómo definir clases y métodos genéricos.

Listas Genéricas

Puedes crear una lista genérica especificando el tipo de dato que contendrá entre los símbolos < >. Esto asegura que la lista solo pueda contener elementos de ese tipo.

Ejemplo:

```
List<String> nombres = ['Yessy Carolina', 'Miriely', 'Katheryn'];
List<int> edades = [42, 26, 28];
// Mapas y Conjuntos Genéricos
Map<String, int> edadesMap = {
  'Yessenia': 37,
  'Yessy Carolina': 42,
  'Katheryn': 26,
```

```
};
Set<String> colores = {'rojo', 'verde', 'azul','amarillo'};
void main() {
  print('Nombres: $nombres');
  print('Edades: $edades');
  print('Edades (Map): $edadesMap');
  print('Colores: $colores');
}
```

Clases Genéricas

Puedes definir clases genéricas que pueden trabajar con diferentes tipos de datos.

Ejemplo:

```
class Caja<T> {
  T contenido;
  Caja(this.contenido);
}
void main() {
  var caja1 = Caja<String>('Hola');
  var caja2 = Caja<int>(15);
  print(caja1.contenido); // Imprime el contenido de caja1
  print(caja2.contenido); // Imprime el contenido de caja2
}
```

Métodos Genéricos

También puedes definir métodos genéricos que pueden aceptar argumentos de diferentes tipos.

Ejemplo:

```
T primerElemento<T>(List<T> lista) {
  if (lista.isEmpty) {
    throw ArgumentError("La lista no puede estar vacía");
  }
```

```
    return lista[0];
}

void main() {

  List<int> numeros = [14, 15, 17, 19, 20];

  List<String> hijasMujeres = ["Yessenia", "Katheryn", "Miriely"];

  try {

    print("Primer elemento de números: ${primerElemento(numeros)}");

    print("Primer elemento de hijas mujeres:
${primerElemento(hijasMujeres)}");

    List<double> vacia = [ ;

    print("Primer elemento de vacia: ${primerElemento(vacia)}");

  } catch (e) {

    print("Error: $e");

  }

}
```

Restringiendo Tipos Genéricos

Puedes restringir los tipos de datos que se pueden usar como argumentos genéricos
utilizando la palabra clave extends.

Ejemplo:

```
class Animal {}

class Mamifero extends Animal {}

class Jaula<T extends Animal> {

  T animal;

  Jaula(this.animal);

  void mostrarAnimal() {

    print("Animal en la jaula: ${animal.runtimeType}");

  }

}

void main() {

  var jaula1 = Jaula<Mamifero>(Mamifero()); // Válido

  var jaula2 = Jaula<Animal>(Animal()); // Válido
```

83

```dart
// var jaula3 = Jaula<String>('Hola'); // Error: String no extiende
Animal
  jaula1.mostrarAnimal();
  jaula2.mostrarAnimal();
}
```

Otro ejemplo de Generico en Dart:

///Si vas a probar este codigo, debes hacerlo sin la pleca invertida que está antes ///del signo de dólar que se colocó para evitar que el compilador lo vea como ///codigo,

```dart
void main() {
  List<String> dartFlutterAndroidStudio = ['Dart', 'Flutter', 'Android
Studio'];
  List<int> edades = [13, 7, 19];
  // Imprimir la lista de nombres
  print('Nombres: $dartFlutterAndroidStudio');
  // Imprimir la lista de edades
  print('Edades: $edades');
  // Imprimir el primer elemento de cada lista
  print('Primer nombre: ${dartFlutterAndroidStudio[0]}');
  print('Primera edad: ${edades[0]}');
  // Imprimir el último elemento de cada lista
  print('Último nombre:
${dartFlutterAndroidStudio[dartFlutterAndroidStudio.length - 1]}');
  print('Última edad: ${edades[edades.length - 1]}');
  // Imprimir la longitud de cada lista
  print('Longitud de nombres: ${dartFlutterAndroidStudio.length}');
  print('Longitud de edades: ${edades.length}');
  // Iterar sobre la lista de nombres e imprimir cada nombre
  for (String dartFlutterAndroidStudio in dartFlutterAndroidStudio) {
    print('Nombre: $dartFlutterAndroidStudio');
  }
  // Iterar sobre la lista de edades e imprimir cada edad
  for (int edad in edades) {
```

```dart
    print('Edad: $edad');

  }
  // Usar el método forEach para imprimir cada nombre
  dartFlutterAndroidStudio.forEach((dartFlutterAndroidStudio) {
    print('Nombre (forEach : $dartFlutterAndroidStudio');
  });
  // Usar el método forEach para imprimir cada edad
  edades.forEach((edad) {
    print('Edad (forEach): $edad');
  });
}
```

Resumen

Los genéricos son una herramienta poderosa en Dart que te permite escribir código más flexible y reutilizable. Te permiten definir clases, métodos y colecciones que pueden trabajar con diferentes tipos de datos sin perder la seguridad de tipos.

Preguntas Teóricas

1. ¿Qué son los genéricos y para qué se utilizan?
2. ¿Cómo se define una lista genérica en Dart?
3. ¿Cómo se define un mapa genérico en Dart?
4. ¿Cómo se define una clase genérica en Dart?
5. ¿Cómo se define un método genérico en Dart?
6. ¿Cómo se restringen los tipos de datos que se pueden usar como argumentos genéricos?

Ejercicios

1. Crea una lista genérica que pueda contener números enteros.
2. Crea un mapa genérico que pueda contener claves de tipo String y valores de tipo double.

3. Define una clase genérica llamada Pila<T> que pueda almacenar elementos de cualquier tipo. Implementa los métodos push() para agregar un elemento a la pila y pop() para eliminar y devolver el último elemento agregado.

4. Crea un método genérico que intercambie los valores de dos variables.

Capítulo 12 — Interfaces

Objetivos

Al finalizar este capítulo, serás capaz de:

- Comprender el concepto de interfaz y su rol en la programación orientada a objetos.

- Definir interfaces en Dart utilizando la palabra clave interface.

- Implementar interfaces en tus clases utilizando la palabra clave implements.

- Comprender la diferencia entre interfaces implícitas y explícitas.

- Utilizar interfaces para definir contratos entre clases.

- Aplicar interfaces para lograr polimorfismo en tu código.

- Reconocer la importancia de las interfaces en la creación de código flexible y mantenible.

Introducción

Las interfaces son un concepto fundamental en la programación orientada a objetos. Definen un conjunto de métodos y propiedades que una clase debe implementar. En Dart, las interfaces te permiten establecer contratos entre clases, lo que promueve la modularidad, la flexibilidad y la reutilización del código. Este capítulo explorará las interfaces en Dart, incluyendo cómo definirlas, implementarlas y utilizarlas para crear código más robusto y mantenible.

Interfaces Implícitas

En Dart, cada clase define implícitamente una interfaz. Esta interfaz implícita incluye todos los miembros de instancia (métodos y propiedades) de la clase. Cualquier otra clase puede implementar esta interfaz implícita, lo que significa que debe proporcionar una implementación para todos los miembros de la instancia de la clase original.

Ejemplo:

```
class Persona {
  String nombre;
  Persona(this.nombre);
  void saludar() {
    print('Hola, mi nombre es $nombre.');
```

```dart
    }
}

class Estudiante extends Persona {

  String carrera;

  Estudiante(String nombre, this.carrera) : super(nombre);

  @override

  void saludar() {

    print('Hola, soy $nombre y hablo $carrera.');

  }

}

void main() {

  var persona = Persona('Dart');

  persona.saludar(); // Imprime: Hola, mi nombre es Dart.

  var estudiante = Estudiante('Flutter', 'Dart');

  estudiante.saludar(); // Imprime: Hola, Flutter y hablo Dart.

}
```

En este ejemplo, la clase Estudiante implementa la interfaz implícita de la clase Persona. Esto significa que Estudiante debe tener una propiedad nombre y un método saludar().

Interfaces Explícitas

También puedes definir interfaces explícitas utilizando la palabra clave interface. Las interfaces explícitas te permiten definir un conjunto de métodos y propiedades que las clases deben implementar.

Ejemplo:

```dart
interface Figura

// Definimos la interfaz implícita Figura

abstract class Figura {

  double calcularArea();

  double calcularPerimetro();

}

class Circulo implements Figura {

  double radio;
```

```dart
    Circulo(this.radio);

    @override

    double calcularArea() {

      return 3.14159 * radio * radio;

    }

    @override

    double calcularPerimetro() {

      return 2 * 3.14159 * radio;

    }

  }

class Rectangulo implements Figura {

    double base;

    double altura;

    Rectangulo(this.base, this.altura);

    @override

    double calcularArea() {

      return base * altura;

    }

    @override

    double calcularPerimetro() {

      return 2 * (base + altura);

    }

  }

void main() {

  Circulo circulo = Circulo(5);

  print('Área del círculo: ${circulo.calcularArea()}');

  print('Perímetro del círculo: ${circulo.calcularPerimetro()}');

  Rectangulo rectangulo = Rectangulo(4, 6);

  print('Área del rectángulo: ${rectangulo.calcularArea()}');

  print('Perímetro del rectángulo: ${rectangulo.calcularPerimetro()}');

}
```

Beneficios de las Interfaces

Las interfaces ofrecen varios beneficios en la programación:

- Abstracción: Ocultan los detalles de implementación y se centran en lo que una clase debe hacer.

- Polimorfismo: Permiten que diferentes clases se utilicen indistintamente si implementan la misma interfaz.

- Reutilización de código: Promueven la creación de código modular y reutilizable.

- Mantenibilidad: Facilitan el mantenimiento y la modificación del código.

Resumen

Las interfaces son un concepto fundamental en la POO que te permite definir contratos entre clases. En Dart, cada clase define una interfaz implícita. También puedes definir interfaces explícitas utilizando la palabra clave interface. Las interfaces promueven la abstracción, el polimorfismo, la reutilización de código y la mantenibilidad.

Preguntas Teóricas

1. ¿Qué es una interfaz y para qué se utiliza?

2. ¿Cuál es la diferencia entre una interfaz implícita y una explícita?

3. ¿Qué es el polimorfismo y cómo se relaciona con las interfaces?

4. ¿Cuáles son los beneficios de utilizar interfaces en la programación?

Ejercicios

1. Crea una interfaz llamada Volador con el método volar().

2. Crea dos clases, Pajaro y Avion, que implementen la interfaz Volador.

3. Crea una función que reciba un objeto de tipo Volador como parámetro y llame al método volar().

Capítulo 13 — Getters y Setters

Objetivos

Al finalizar este capítulo, serás capaz de:

- Comprender el concepto de getters y setters y su función en la programación orientada a objetos.

- Implementar getters y setters en tus clases para controlar el acceso a las propiedades.

- Utilizar la sintaxis abreviada para definir getters y setters simples.

- Aplicar getters y setters para validar datos y proteger el estado interno de los objetos.

- Reconocer la importancia de los getters y setters en la encapsulación y la seguridad del código.

Introducción

Los getters y setters son métodos especiales que te permiten controlar el acceso a las propiedades de un objeto. En lugar de acceder directamente a las variables de instancia, puedes utilizar getters para leer su valor y setters para modificarlo. Esto te da un mayor control sobre cómo se accede y se modifican los datos de tus objetos, lo que mejora la encapsulación y la seguridad del código. En este capítulo, exploraremos los getters y setters en Dart, incluyendo cómo definirlos, utilizarlos y aplicarlos en situaciones del mundo real.

Getters

Un getter es un método que se utiliza para obtener el valor de una propiedad. Se define utilizando la palabra clave get seguida del nombre de la propiedad.

Ejemplo:

```
class Persona {
  String nombre;
  Persona(this.nombre);
}
void main() {
  var persona = Persona('Genesis');
  print(persona.nombre); // Imprime "Genesis"
```

}

En este ejemplo, el getter nombre devuelve el valor de la variable de instancia _nombre.

Setters

Un setter es un método que se utiliza para modificar el valor de una propiedad. Se define utilizando la palabra clave set seguida del nombre de la propiedad y un parámetro que representa el nuevo valor.

Ejemplo:

En este ejemplo, el setter nombre permite modificar el valor de la variable de instancia _nombre.

Sintaxis Abreviada

Para getters y setters simples que solo devuelven o asignan un valor, puedes utilizar una sintaxis abreviada:

```
class Rectangulo {
  double ancho;
  double alto;
  Rectangulo(this.ancho, this.alto);
  double get area => ancho * alto;
  set area(double valor) {
    ancho = valor / alto;
  }
}
void main() {
  var rectangulo = Rectangulo(5, 10);
  print('Área inicial: ${rectangulo.area}'); // Imprime: Área inicial: 50
  rectangulo.area = 100;
  print('Ancho modificado: ${rectangulo.ancho}'); // Imprime: Ancho
modificado: 10.0
  print('Área recalculada: ${rectangulo.area}'); // Imprime: Área
recalculada: 100.0
}
```

Validación de Datos

Los setters te permiten validar los datos antes de asignarlos a una propiedad.

Ejemplo:

```
class Persona {

  int edad;

  Persona(this.edad) {

    if (edad < 0) {

      throw ArgumentError('La edad no puede ser negativa.');

    }

  }

  void cumplirAnios() {

    edad++;

  }

}

void main() {

  try {

    var persona = Persona(30);

    print('Edad inicial: ${persona.edad}');

    persona.cumplirAnios();

    print('Edad después de cumplir años: ${persona.edad}');


    persona.edad = -5; // Esto lanzará un error

    print('Edad modificada: ${persona.edad}');

  } catch (e) {

    print('Error: $e');

  }

}
```

Encapsulación

Los getters y setters son una parte importante de la encapsulación en la POO. Te permiten ocultar los detalles de implementación de una clase y controlar el acceso a sus datos. Esto mejora la seguridad del código y facilita el mantenimiento.

Resumen

Los getters y setters son métodos especiales que te permiten controlar el acceso a las propiedades de un objeto. Los getters se utilizan para obtener el valor de una propiedad, mientras que los setters se utilizan para modificarlo. Puedes utilizar la sintaxis abreviada para definir getters y setters simples. Los setters te permiten validar los datos antes de asignarlos a una propiedad. Los getters y setters son una parte importante de la encapsulación en la POO.

Preguntas Teóricas

1. ¿Qué son los getters y setters?
2. ¿Cuál es la diferencia entre un getter y un setter?
3. ¿Cómo se define un getter en Dart?
4. ¿Cómo se define un setter en Dart?
5. ¿Para qué se utilizan los getters y setters?
6. ¿Cómo se relacionan los getters y setters con la encapsulación?

Ejercicios

7. Crea una clase CuentaBancaria con una propiedad privada _saldo. Define un getter para obtener el saldo y un setter que permita depositar dinero en la cuenta, pero que no permita que el saldo sea negativo.

8. Crea una clase Circulo con una propiedad privada _radio. Define un getter para obtener el radio y un setter que valide que el radio sea un valor positivo.

9. Crea una clase Estudiante con una propiedad privada _calificacion. Define un getter para obtener la calificación y un setter que valide que la calificación esté entre 0 y 100.

Capítulo 14 — Operaciones Condicionales

Objetivos

Al finalizar este capítulo, serás capaz de:

- Comprender el concepto de operaciones condicionales y su importancia en la programación.

- Utilizar las estructuras de control if, else if y else para tomar decisiones en tu código.

- Evaluar expresiones booleanas, incluyendo operadores de comparación y lógicos, para determinar el flujo de ejecución.

- Anidar estructuras condicionales para crear lógicas más complejas.

- Aplicar las mejores prácticas para escribir código condicional claro y eficiente.

Introducción

Las operaciones condicionales son la base de la toma de decisiones en la programación. Permiten que tu código ejecute diferentes acciones en función de si una condición se cumple o no. En Dart, las estructuras de control if, else if y else te brindan la flexibilidad para crear programas que respondan a diferentes situaciones. Este capítulo te guiará a través de los conceptos básicos de las operaciones condicionales en Dart, incluyendo cómo utilizarlas para crear lógica en tus programas.

Expresiones Booleanas

Antes de profundizar en las estructuras condicionales, es importante entender cómo funcionan las expresiones booleanas. Una expresión booleana es una expresión que se evalúa como true (verdadero) o false (falso).

Dart ofrece los siguientes operadores para construir expresiones booleanas:

- ## Operadores de comparación:

    - == (igual a)

    - != (diferente de)

    - > (mayor que)

    - < (menor que)

    - >= (mayor o igual que)

     o   <= (menor o igual que)

- ## Operadores lógicos:

       o   && (AND, y)

       o || (OR, o)

       o   ! (NOT, no)

       o

Ejemplos:

```
5 > 3; // true
10 == 10; // true
'Hola' != 'Mundo'; // true
true && false; // false
true || false; // true
!true; // false
```

La Estructura if

La estructura if te permite ejecutar un bloque de código solo si una condición se cumple.

Sintaxis:

```
if (condición) {
  // Código a ejecutar si la condición es verdadera
}
```

Ejemplo:

```
void main() {
  var edad = 20;
  if (edad >= 18) {
    print('Eres mayor de edad.');
  }
}
```

La Estructura if-else

La estructura if-else te permite ejecutar un bloque de código si una condición se cumple y otro bloque de código si la condición no se cumple.

Sintaxis:

```
if (condición) {
  // Código a ejecutar si la condición es verdadera
} else {
  // Código a ejecutar si la condición es falsa
}
```

Ejemplo:

```
void main() {
  var numero = 5;
  if (numero % 2 == 0) {
    print('$numero es par.');
  } else {
    print('$numero es impar.');
  }
}
```

La Estructura if-else if-else

La estructura if-else if-else te permite evaluar múltiples condiciones en cascada.

```
if (condición1) {
  // Código a ejecutar si la condición1 es verdadera
} else if (condición2) {
  // Código a ejecutar si la condición2 es verdadera
} else {
  // Código a ejecutar si ninguna de las condiciones anteriores es
verdadera
}
```

Ejemplo:

```
void main() {
```

```
var calificacion = 85;


if (calificacion >= 90) {

  print('Excelente');

} else if (calificacion >= 80) {

  print('Muy bien');

} else if (calificacion >= 70) {

  print('Bien');

} else {

  print('Necesitas mejorar');

}

}
```

Anidamiento de Estructuras Condicionales

Puedes anidar estructuras condicionales para crear lógicas más complejas.

Ejemplo:

```
void main() {
  var edad = 20;
  var tieneLicencia = true;
  if (edad >= 18) {
    if (tieneLicencia) {
      print('Puedes conducir.');
    } else {
      print('Necesitas obtener una licencia de conducir.');
    }
  } else {
    print('Eres menor de edad, no puedes conducir.');
  }
  var precio = 100.0;
  var cantidad = 5;
  if (cantidad >= 10) {
```

```
        \
    precio *= 0.9; // Descuento del 10%
} else if (cantidad >= 5) {
    precio *= 0.95; // Descuento del 5%
}
    print('El precio final es: $precio');
}
```

Resumen

Las operaciones condicionales son esenciales para la toma de decisiones en la programación. Las estructuras if, else if y else te permiten ejecutar diferentes bloques de código en función de si una condición se cumple o no. Puedes anidar estructuras condicionales para crear lógicas más complejas. Las expresiones booleanas, utilizando operadores de comparación y lógicos, son la base para evaluar las condiciones en las estructuras condicionales.

Preguntas Teóricas

1. ¿Qué es una operación condicional?

2. ¿Cómo se utiliza la estructura if en Dart?

3. ¿Cómo se utiliza la estructura if-else en Dart?

4. ¿Cómo se utiliza la estructura if-else if-else en Dart?

5. ¿Qué significa anidar estructuras condicionales?

6. ¿Cuáles son los operadores de comparación en Dart?

7. ¿Cuáles son los operadores lógicos en Dart?

8. ¿Cómo se pueden combinar los operadores lógicos para crear expresiones booleanas más complejas?

Ejercicios

1. Escribe un programa que determine si un número es positivo, negativo o cero.

2. Escribe un programa que determine si un año es bisiesto. Un año es bisiesto si es divisible entre 4, excepto si es divisible entre 100, a menos que también sea divisible entre 400.

3. Escribe un programa que simule un juego de piedra, papel o tijera contra la computadora.

4. Escribe un programa que calcule el índice de masa corporal (IMC) de una persona y muestre un mensaje indicando si la persona tiene bajo peso, peso normal, sobrepeso u obesidad.

Capítulo 15 — Control de Flujo Avanzado

Objetivos

Al finalizar este capítulo, serás capaz de:

- Utilizar la sentencia switch para manejar múltiples condiciones de forma eficiente.

- Anidar estructuras condicionales y bucles para crear lógicas más complejas.

- Aplicar técnicas de control de flujo en ejemplos del mundo real.

Introducción

En este capítulo, profundizaremos en el control de flujo en Dart, explorando técnicas más avanzadas para dirigir la ejecución de tu programa. Aprenderás a utilizar la sentencia switch, anidar estructuras condicionales y bucles, y aplicar estas técnicas en ejemplos prácticos.

La Sentencia switch

La sentencia switch proporciona una forma concisa de evaluar una expresión y ejecutar diferentes bloques de código en función de su valor. Es especialmente útil cuando tienes múltiples condiciones que evaluar.

Sintaxis:

```
switch (expresión) {
  case valor1:
    // Código a ejecutar si la expresión es igual a valor1
    break;
  case valor2:
    // Código a ejecutar si la expresión es igual a valor2
    break;
  default:
    // Código a ejecutar si la expresión no coincide con ningún caso
}
```

Ejemplo:

```
void main() {
  var dia = 'lunes';
```

```
switch (dia) {

  case 'lunes':

    print('Hoy es lunes.');

    break;

  case 'martes':

    print('Hoy es martes.');

    break;

  case 'miércoles':

    print('Hoy es miércoles.');

    break;

  default:

    print('Hoy es otro día de la semana.');

  }

}
```

Puntos clave:

- La palabra clave break es importante para evitar que la ejecución continúe en el siguiente case.

- El case default es opcional y se ejecuta si la expresión no coincide con ningún case.

Anidamiento de Estructuras Condicionales y Bucles

Puedes anidar estructuras condicionales (if-else) y bucles (for, while) para crear lógicas más complejas en tu programa.

Ejemplo:

```
void main() {

  for (int i = 1; i <= 5; i++) {

    if (i % 2 == 0) {

      print('$i es par');

    } else {

      print('$i es impar');

    }
```

```
    }

}
```

Ejemplos del Mundo Real

Las estructuras de control de flujo se utilizan en una amplia variedad de aplicaciones, como:

- Validación de datos: Verificar si los datos ingresados por el usuario cumplen con ciertos criterios.

- Control de acceso: Determinar si un usuario tiene permiso para acceder a un recurso.

- Juegos: Controlar la lógica del juego, como las acciones del jugador y las respuestas del entorno.

- Aplicaciones de inteligencia artificial: Implementar algoritmos de toma de decisiones.

Resumen

En este capítulo, has aprendido a utilizar la sentencia switch, anidar estructuras condicionales y bucles, y aplicar estas técnicas en ejemplos del mundo real. Dominar el control de flujo te permitirá escribir programas más complejos y sofisticados.

Preguntas Teóricas

1. ¿Cuál es la diferencia entre una sentencia if-else y una sentencia switch?

2. ¿Cuándo es más apropiado utilizar una sentencia switch?

3. ¿Qué significa anidar estructuras condicionales?

4. ¿Cómo se pueden utilizar las estructuras de control de flujo para crear programas más complejos?

Ejercicios

1. Escribe un programa que utilice una sentencia switch para determinar el número de días en un mes dado.

2. Escribe un programa que imprima un patrón de triángulo utilizando bucles anidados.

3. Crea un juego simple, como "Adivina el número", que utilice estructuras condicionales y bucles.

Capitulo 16 — Ciclos o Bucles

Objetivos

Al finalizar este capítulo, serás capaz de:

- Comprender el concepto de ciclo o bucle y su utilidad en la programación.

- Utilizar las estructuras de control for, while y do-while para repetir bloques de código.

- Dominar las variantes del bucle for: tradicional, for-in y forEach.

- Controlar el flujo de ejecución de los bucles con las palabras clave break y continue.

- Aplicar bucles para iterar sobre colecciones de datos como listas y mapas.

- Escribir código eficiente y legible utilizando bucles.

- Reconocer las diferencias y elegir el bucle más adecuado para cada situación.

Introducción

Los ciclos o bucles son estructuras de control que te permiten repetir un bloque de código varias veces. Esto es útil cuando necesitas realizar una tarea repetitiva o procesar una colección de datos. En Dart, existen diferentes tipos de bucles, cada uno con sus propias características y usos. Este capítulo te guiará a través de los bucles en Dart, incluyendo cómo utilizarlos para iterar sobre datos, controlar el flujo de ejecución de tus programas y escribir código eficiente.

El Bucle for

El bucle for es una estructura versátil que se utiliza para repetir un bloque de código un número determinado de veces.

Sintaxis tradicional:

for (inicialización; condición; incremento) {

  // Código a ejecutar en cada iteración

}

- Inicialización: Se ejecuta una sola vez al principio del bucle. Se suele utilizar para declarar e inicializar una variable contadora.

- Condición: Se evalúa al principio de cada iteración. Si la condición es verdadera, se ejecuta el bloque de código. Si es falsa, el bucle termina.

- Incremento: Se ejecuta al final de cada iteración. Se suele utilizar para incrementar o decrementar la variable contadora.

Ejemplo:

```
void main() {
  for (int i = 0; i < 5; i++) {
    print(i); // Imprime los números del 0 al 4
  }
}
```

Iterando sobre una lista (con índice):

```
void main() {
  var nombres = ['Brenda Lisseth', 'Marlen Suyapa', 'Digna'];
  for (int i = 0; i < nombres.length; i++) {
    print(nombres[i]); // Accede a cada elemento por su índice
  }
}
```

Variantes del Bucle for

Bucle for-in

El bucle for-in simplifica la iteración sobre los elementos de una colección, como una lista o un mapa. No necesitas una variable contadora, ya que el bucle itera automáticamente sobre cada elemento.

```
void main() {
  var nombres = ['Marcela', 'Karina', 'La Ochoa'];
  for (var nombre in nombres) {
    print(nombre); // Accede directamente a cada elemento
  }
}
```

Bucle forEach

El método forEach ofrece otra forma de iterar sobre los elementos de una colección. Recibe una función como argumento, que se aplica a cada elemento de la colección.

```
void main() {
```

105

```
var nombres = ['Sagrario', 'Lurbin', 'Alma'];

nombres.forEach((nombre) {

  print(nombre);

});

}
```

Puedes usar una función anónima o una función flecha para simplificar el código:

```
void main() {

  var nombres = ['Sagrario', 'Lurbin', 'Alma'];

  nombres.forEach((nombre) => print(nombre));

}
```

El Bucle while

El bucle while repite un bloque de código mientras una condición sea verdadera. Es útil cuando no sabes de antemano cuántas veces necesitas repetir el bucle.

```
Sintaxis:
while (condición) {
  // Código a ejecutar mientras la condición sea verdadera
}
Ejemplo:
void main() {
  var contador = 0;
  while (contador < 5) {
    print(contador);
    contador++;
  }
}
```

El Bucle do-while

El bucle do-while es similar al bucle while, pero la condición se evalúa después de ejecutar el bloque de código. Esto garantiza que el bloque de código se ejecute al menos una vez.

Sintaxis:

```
do {
  // Código a ejecutar al menos una vez
} while (condición);
```

Ejemplo:

```
void main() {
  var contador = 0;
  do {
    print(contador);
    contador++;
  } while (contador < 5);
}
```

Las Palabras Clave break y continue

- break: Se utiliza para salir de un bucle prematuramente.
- continue: Se utiliza para saltar a la siguiente iteración del bucle, ignorando el código restante en la iteración actual.

Ejemplo:

```
void main() {
  for (int i = 0; i < 10; i++) {
    if (i == 5) {
      break; // Sale del bucle cuando i es igual a 5
    }
    if (i % 2 == 0) {
      continue; // Salta a la siguiente iteración si i es par
    }
    print(i);
  }
}
```

Resumen

Los bucles son estructuras de control que te permiten repetir un bloque de código varias veces. Dart ofrece diferentes tipos de bucles, como for (con sus variantes for-in y forEach), while y do-while. Puedes controlar el flujo de ejecución de los bucles con las palabras clave break y continue. Es importante elegir el tipo de bucle más adecuado para cada situación.

Preguntas Teóricas

1. ¿Qué es un ciclo o bucle?

2. ¿Cuáles son los diferentes tipos de bucles en Dart?

3. ¿Cuál es la diferencia entre un bucle while y un bucle do-while?

4. ¿Para qué se utiliza la palabra clave break?

5. ¿Para qué se utiliza la palabra clave continue?

6. ¿Cuáles son las ventajas de utilizar un bucle for-in en lugar de un bucle for tradicional?

7. ¿Cómo se utiliza el método forEach para iterar sobre una colección?

Ejercicios

1. Escribe un programa que imprima los números del 1 al 10 utilizando un bucle for.

2. Escribe un programa que pida al usuario que ingrese un número y luego imprima la tabla de multiplicar de ese número utilizando un bucle while.

3. Escribe un programa que imprima todos los números pares del 1 al 20 utilizando un bucle for y la palabra clave continue.

4. Escribe un programa que pida al usuario que ingrese una contraseña. El programa debe seguir pidiendo la contraseña hasta que el usuario ingrese la contraseña correcta ("secreto"). Utiliza un bucle do-while.

5. Escribe un programa que recorra una lista de nombres e imprima cada nombre utilizando un bucle for-in.

6. Escribe un programa que recorra un mapa de nombres y edades e imprima cada par clave-valor utilizando un bucle forEach.

Capítulo 17 — Herencia

Objetivos

Al finalizar este capítulo, serás capaz de:

- Comprender el concepto de herencia y su importancia en la programación orientada a objetos.

- Identificar los diferentes tipos de herencia: simple, multinivel y múltiple.

- Implementar la herencia simple en Dart utilizando la palabra clave extends.

- Diferenciar entre superclase (clase padre) y subclase (clase hija).

- Acceder a miembros de la superclase desde la subclase utilizando la palabra clave super.

- Sobreescribir métodos de la superclase en la subclase.

- Aplicar la herencia para crear jerarquías de clases y reutilizar código.

- Reconocer las ventajas y desventajas de la herencia.

Introducción

La herencia es uno de los pilares de la programación orientada a objetos (POO). Permite crear nuevas clases (subclases) que heredan las propiedades y métodos de una clase existente (superclase). Esto promueve la reutilización de código, la organización y la creación de jerarquías de clases que reflejan las relaciones del mundo real. En Dart, la herencia se implementa utilizando la palabra clave extends. Este capítulo explorará la herencia en Dart, incluyendo cómo utilizarla para crear clases más especializadas y eficientes.

Tipos de Herencia

Existen tres tipos principales de herencia:

- **Herencia simple:** Una subclase hereda de una sola superclase.

- **Herencia multinivel:** Una subclase hereda de una superclase, que a su vez hereda de otra superclase.

- **Herencia múltiple:** Una subclase hereda de múltiples superclases.

Dart solo soporta la herencia simple.

Sintaxis de la Herencia

La sintaxis para implementar la herencia en Dart es la siguiente:

```
class Subclase extends Superclase {
  // Miembros de la subclase
}
```

Ejemplo:

```
class Animal {
  String nombre;
  Animal(this.nombre);
  void comer() {
    print('$nombre está saltando y ladrando.');
  }
}
class Perra extends Animal {
  String raza;
  Perra(String nombre, this.raza) : super(nombre);
  void ladrar() {
    print('Guau!');
  }
}
void main() {
  var miPerra = Perra('Poky', 'Labrador');
  miPerra.comer(); // Imprime "Poky está comiendo." (heredado de Animal)
  miPerra.ladrar(); // Imprime "Guau!"
}
```

La Palabra Clave super

La palabra clave super se utiliza para acceder a miembros de la superclase desde la subclase.

- **En el constructor:** Para llamar al constructor de la superclase.

- **En los métodos:** Para llamar a un método de la superclase.

Sobreescritura de Métodos

Puedes sobreescribir un método de la superclase en la subclase para proporcionar una implementación específica.

Ejemplo:

```
class Animal {
  void hacerSonido() {
    print('Voz de animal');
  }
}

class Perro extends Animal {
  @override
  void hacerSonido() {
    print('Guau!');
  }
}

void main() {
  Animal animal = Animal();
  animal.hacerSonido(); // Imprime Voz de animal"
  Perro perro = Perro();
  perro.hacerSonido(); // Imprime "Guau!"
}
```

Ventajas de la Herencia

- **Reutilización de código:** Evita la duplicación de código al heredar miembros de la superclase.

- **Organización:** Crea jerarquías de clases que reflejan las relaciones del mundo real.

- **Polimorfismo:** Permite que objetos de diferentes clases se utilicen indistintamente si comparten una superclase común.

-

Desventajas de la Herencia

- **Acoplamiento:** Puede crear un acoplamiento fuerte entre clases, lo que dificulta la modificación del código.

- **Complejidad:** Las jerarquías de clases complejas pueden ser difíciles de entender y mantener.

Resumen

La herencia es una herramienta poderosa en la POO que te permite crear nuevas clases que heredan propiedades y métodos de clases existentes. Dart soporta la herencia simple utilizando la palabra clave extends. Puedes acceder a miembros de la superclase desde la subclase utilizando la palabra clave super, y puedes sobreescribir métodos para proporcionar una implementación específica. La herencia promueve la reutilización de código, la organización y el polimorfismo, pero también puede aumentar el acoplamiento y la complejidad del código.

Preguntas Teóricas

1. ¿Qué es la herencia y para qué se utiliza?

2. ¿Cuáles son los diferentes tipos de herencia? ¿Cuál soporta Dart?

3. ¿Cómo se implementa la herencia en Dart?

4. ¿Qué es una superclase y una subclase?

5. ¿Para qué se utiliza la palabra clave super?

6. ¿Qué significa sobreescribir un método?

7. ¿Cuáles son las ventajas y desventajas de la herencia?

Ejercicios

1. Crea una clase Vehiculo con las propiedades marca y modelo.

2. Crea dos clases, Coche y Motocicleta, que hereden de la clase Vehiculo.

3. Agrega propiedades específicas a cada subclase, como numeroDePuertas para Coche y cilindrada para Motocicleta.

4. Define un método mostrarDetalles() en la clase Vehiculo que imprima la marca y el modelo. Sobreescribe este método en las subclases para que también imprima las propiedades específicas de cada tipo de vehículo.

Capítulo 18 — Polimorfismo

Objetivos

Al finalizar este capítulo, serás capaz de:

- Comprender el concepto de polimorfismo y su importancia en la programación orientada a objetos.

- Explicar las dos formas principales de polimorfismo en Dart: herencia e interfaces.

- Implementar el polimorfismo utilizando herencia y la palabra clave override.

- Implementar el polimorfismo utilizando interfaces y la palabra clave implements.

- Diferenciar entre herencia e interfaces y cuándo usar cada uno.

- Aplicar el polimorfismo para escribir código más flexible y reutilizable.

- Reconocer las ventajas y desventajas del polimorfismo.

Polimorfismo en Dart

El polimorfismo es uno de los pilares de la programación orientada a objetos (POO). Proviene del griego "polys" (muchos) y "morphos" (formas), lo que significa "muchas formas". En POO, el polimorfismo permite que objetos de diferentes clases se traten como objetos de un tipo común. Esto se logra a través de la herencia o las interfaces.

Polimorfismo con Herencia

Cuando una clase (subclase) hereda de otra clase (superclase), puede sobreescribir los métodos de la superclase para proporcionar su propia implementación. Esto permite que objetos de la subclase se comporten de manera diferente a los objetos de la superclase, incluso cuando se tratan como objetos de la superclase.

Ejemplo:

```
class Perros extends Animal {
  Perros(String nombre) : super(nombre);
  @override
  void hacerSonido() {
    print('Guau! Soy $nombre');
  }
}
```

```dart
}
class Gato extends Animal {
  Gato(String nombre) : super(nombre);
  @override
  void hacerSonido() {
    print('Miau! Soy $nombre');
  }
}
void main() {
  List<Animal> animales = [
    Perros('Sutil'),
    Gato('Honey'),
    Perros('Poky'),
  ];
  for (var animal in animales) {
    animal.hacerSonido();
  }
}
```

En este ejemplo, tanto Perro como Gato son subclases de Animal. Cada uno sobreescribe el método hacerSonido() para producir un sonido diferente. En la función main(), se crea una lista de objetos Animal. Sin embargo, la lista contiene objetos Perro y Gato. Cuando se llama al método hacerSonido() en cada objeto, se ejecuta la implementación específica de la subclase. Esto es polimorfismo en acción.

Polimorfismo con Interfaces

En Dart, una interfaz es una definición de un conjunto de métodos que una clase debe implementar. Una clase puede implementar múltiples interfaces. Cuando una clase implementa una interfaz, debe proporcionar implementaciones para todos los métodos definidos en la interfaz. Esto permite que objetos de diferentes clases que implementan la misma interfaz se traten como objetos de ese tipo de interfaz.

```dart
abstract class Hablante {
  void hablar();
```

```dart
}
class Persona implements Hablante {
  String nombre;
  Persona(this.nombre);
  @override
  void hablar() {
    print('Hola, soy $nombre.');
  }
}
class Perro implements Hablante {
  String nombre;
  Perro(this.nombre);
  @override
  void hablar() {
    print('Guau guau, soy $nombre.');
  }
}
void main() {
  List<Hablante> hablantes = [
    Persona('Lucy'),
    Perro('Sutil'),
    Persona('Ayalita'),
  ];
  for (var hablante in hablantes) {
    hablante.hablar();
  }
}
```

Explicación:

1. **Interfaz Hablante:** Define un contrato que obliga a cualquier clase que la implemente a tener un método hablar().

2. **Clase Persona:** Implementa la interfaz Hablante y proporciona una implementación específica del método hablar() para personas.

3. **Clase Perro:** Implementa la interfaz Hablante y proporciona una implementación específica del método hablar() para perros.

4. **Función main():**

    o Crea una lista de tipo Hablante.

    o Añade objetos de las clases Persona y Perro a la lista. Esto es posible porque ambas clases implementan la interfaz Hablante.

    o Itera sobre la lista y llama al método hablar() en cada elemento. Debido al polimorfismo, se ejecuta la implementación correcta de hablar() (ya sea la de Persona o la de Perro) en tiempo de ejecución.

Preguntas teóricas:

5. ¿Qué es el polimorfismo y por qué es útil?

6. ¿Cuáles son las dos formas principales de lograr polimorfismo en Dart?

7. ¿Cómo se define una interfaz en Dart y qué papel juega en el polimorfismo?

8. ¿Cuál es la diferencia entre herencia e interfaces en términos de polimorfismo? ¿Cuándo usarías cada uno?

9. ¿Qué ventajas y desventajas tiene el uso del polimorfismo en tu código?

Ejercicios:

1. Crea una interfaz llamada Figura que defina métodos para calcular el área y el perímetro. Implementa esta interfaz en clases como Rectangulo, Circulo y Triangulo. Luego, escribe una función que pueda trabajar con una lista de objetos Figura sin importar su tipo específico.

2. Crea un sistema de notificaciones donde diferentes clases (como EmailNotificador, SMSNotificador, NotificacionPush) implementen una interfaz Notificador que define un método enviarNotificacion(). Luego, escribe una función que pueda enviar notificaciones a una lista de objetos Notificador sin importar el tipo específico de notificador.

Capítulo 19 — Abstracción

Objetivos

- Comprender el concepto de abstracción y su importancia en la programación orientada a objetos.

- Identificar clases abstractas y métodos abstractos.

- Utilizar clases abstractas para modelar conceptos generales y definir comportamientos comunes.

- Aplicar la abstracción para crear jerarquías de clases y reutilizar código.

Abstracción en Dart

La abstracción es uno de los pilares de la programación orientada a objetos (POO). Se refiere a la capacidad de representar conceptos complejos del mundo real de forma simplificada, enfocándose en los aspectos esenciales e ignorando los detalles irrelevantes. En Dart, la abstracción se logra principalmente a través de clases abstractas y métodos abstractos.

Clases Abstractas

Una clase abstracta es una clase que no se puede instanciar directamente. Su propósito principal es servir como una plantilla o modelo para otras clases (subclases). Las clases abstractas pueden contener tanto métodos concretos (con implementación) como métodos abstractos (sin implementación).

Métodos Abstractos

Un método abstracto se declara dentro de una clase abstracta y no tiene implementación. La subclase que hereda de la clase abstracta está obligada a proporcionar una implementación concreta para el método abstracto.

Ejemplo:

```
// Clase abstracta Animal
abstract class Animal {
  String nombre;
  Animal(this.nombre);
  // Método abstracto hacerSonido
  void hacerSonido();
```

```dart
  // Método concreto comer
  void comer() {
    print('$nombre está saltando.');
  }
}

// Clase Perro que extiende de Animal
class Perro extends Animal {
  String raza;
  Perro(String nombre, this.raza) : super(nombre);
  @override
  void hacerSonido() {
    print('Guau guau, soy $nombre.');
  }
}

// Clase Gato que extiende de Animal
class Gato extends Animal {
  String color;
  Gato(String nombre, this.color) : super(nombre);
  @override
  void hacerSonido() {
    print('Miau, soy $nombre.');
  }
}

void main() {
  // No se puede crear una instancia de Animal (es abstracta)
  // Animal miAnimal = Animal('Desconocido'); // Error
  Perro miPerro = Perro('Sutil', 'Labrador');
  miPerro.hacerSonido(); // Imprime "Guau guau, soy Firulais."
  miPerro.comer(); // Imprime "Firulais está comiendo."
  Gato miGato = Gato('Honey', 'Blanco');
  miGato.hacerSonido(); // Imprime "Miau, soy Michi."
```

```
miGato.comer(); // Imprime "Michi está comiendo."
}
```

Explicación:

1. Animal es una clase abstracta con un método abstracto hacerSonido() y un método concreto comer().

2. Perro y Gato son subclases que implementan Animal y proporcionan implementaciones concretas para hacerSonido().

3. No se puede crear un objeto de la clase abstracta Animal directamente.

Preguntas Teóricas

1. ¿Qué es la abstracción y por qué es útil en la programación orientada a objetos?

2. ¿Qué son las clases abstractas y cómo se diferencian de las clases concretas?

3. ¿Qué son los métodos abstractos y por qué son importantes en el diseño de clases abstractas?

4. ¿Cuándo deberías usar una clase abstracta en lugar de una clase concreta?

5. ¿Cómo se relaciona la abstracción con los conceptos de herencia y polimorfismo?

6. ¿Cuáles son algunas de las ventajas y desventajas de utilizar clases abstractas en tus programas?

Ejercicios

1. **Figuras Geométricas:**

   o Crea una clase abstracta llamada FiguraGeometrica que tenga métodos abstractos para calcular el área y el perímetro.

   o Crea clases concretas como Rectangulo, Circulo y Triangulo que hereden de FiguraGeometrica e implementen los métodos abstractos.

   o Escribe un programa que pueda trabajar con una lista de objetos FiguraGeometrica y calcular el área y el perímetro de cada figura.

2. **Instrumentos Musicales:**

   o Crea una clase abstracta llamada InstrumentoMusical que tenga métodos abstractos para tocar una nota y afinar el instrumento.

   o Crea clases concretas como Guitarra, Piano y Bateria que hereden de InstrumentoMusical e implementen los métodos abstractos.

o   Escribe un programa que simule una orquesta donde diferentes instrumentos tocan notas y se afinan.

3. **Vehículos:**

   o   Crea una clase abstracta llamada Vehiculo con propiedades como marca, modelo y métodos abstractos como arrancar() y detener().

   o   Crea clases concretas como Coche, Motocicleta y Camion que hereden de Vehiculo y agreguen propiedades específicas (por ejemplo, numeroDePuertas para Coche) e implementen los métodos abstractos.

   o   Escribe un programa que pueda trabajar con una lista de objetos Vehiculo y realizar acciones como arrancar y detener cada vehículo.

Reto Opcional:

- **Juego de Roles:** Diseña un juego de roles simple donde diferentes personajes (como Guerrero, Mago y Ladrón) hereden de una clase abstracta Personaje y tengan habilidades únicas que se implementan a través de métodos abstractos.

Capítulo 20 — Encapsulación

Objetivos

- Comprender el concepto de encapsulación y su importancia en la programación orientada a objetos.

- Utilizar modificadores de acceso (_) para controlar la visibilidad de los miembros de una clase.

- Implementar métodos getter y setter para acceder y modificar atributos privados.

- Aplicar la encapsulación para proteger los datos y mantener la integridad del estado de los objetos.

Encapsulación en Dart

La encapsulación es otro pilar fundamental de la POO. Se refiere a la capacidad de ocultar los detalles internos de un objeto y exponer solo una interfaz para interactuar con él. En Dart, la encapsulación se logra utilizando modificadores de acceso para controlar la visibilidad de los miembros de una clase (atributos y métodos).

Modificadores de Acceso

- **_ (Privado):** Un miembro (atributo o método) declarado con un guión bajo al principio se considera privado y solo se puede acceder desde dentro de la misma biblioteca (archivo).

- **Sin modificador:** Si no se especifica un modificador de acceso, el miembro se considera público y se puede acceder desde cualquier lugar.

Ejemplo:

```dart
class Persona {
  // Atributos privados
  String _nombre;
  int _edad;
  // Constructor
  Persona(this._nombre, this._edad);
  // Métodos getter para acceder a los atributos
  String get nombre => _nombre;
  int get edad => _edad;
```

```dart
    // Métodos setter para modificar los atributos
    set nombre(String nombre) => _nombre = nombre;
    set edad(int edad) => _edad = edad;

    // Método para mostrar la información de la persona
    void mostrarInformacion() {
      print('Nombre: $nombre, Edad: $edad');
    }
}


void main() {
  Persona persona = Persona('Luis', 62);
  // Acceder a los atributos usando getters
  print('Nombre: ${persona.nombre}');
  print('Edad: ${persona.edad}');
  // Modificar los atributos usando setters
  persona.nombre = 'Nayeli';
  persona.edad = 22;
  // Mostrar la información actualizada
  persona.mostrarInformacion();
}
```

Explicación:

1. **Atributos privados:** Los atributos _nombre y _edad se declaran con un guión bajo (_) al principio. Esto los hace privados, lo que significa que solo se pueden acceder desde dentro de la clase Persona.

2. **Constructor:** El constructor Persona(this._nombre, this._edad) se utiliza para inicializar los atributos privados al crear un objeto Persona.

3. **Métodos getter:** Los métodos get nombre y get edad se utilizan para acceder a los valores de los atributos privados desde fuera de la clase.

4. **Métodos setter:** Los métodos set nombre y set edad se utilizan para modificar los valores de los atributos privados desde fuera de la clase.

5. **Método mostrarInformacion():** Este método muestra la información de la persona, incluyendo su nombre y edad.

Encapsulación en acción:

- Los atributos _nombre y _edad están protegidos y no se pueden acceder directamente desde fuera de la clase.

- Los getters y setters proporcionan una forma controlada de acceder y modificar los atributos.

- Esto permite mantener la integridad de los datos y evitar modificaciones no deseadas.

La encapsulación es uno de los principios fundamentales de la programación orientada a objetos que permite proteger los datos y controlar su acceso. En Dart, se logra utilizando atributos privados y métodos getter/setter.

Getters y Setters

Los getters y setters son métodos especiales que se utilizan para acceder y modificar los atributos privados de una clase. Los getters permiten obtener el valor de un atributo privado, mientras que los setters permiten establecer o modificar su valor.

Ejemplo:

```
class Persona {
  String _nombre; // Atributo privado
  Persona(this._nombre);
  // Getter para el atributo _nombre
  String get nombre => _nombre;
  // Setter para el atributo _nombre
  set nombre(String nuevoNombre) {
    _nombre = nuevoNombre;
  }
}
void main() {
  Persona persona = Persona('Honoré de Balsac');
  print(persona.nombre); // Accede al atributo _nombre a través del
getter
```

123

```
persona.nombre = 'Becker'; // Modifica el atributo _nombre a través del
setter

print(persona.nombre);
}
```

Explicación:

1. _nombre es un atributo privado.

2. Se definen un getter (get nombre) y un setter (set nombre) para acceder y modificar el atributo _nombre desde fuera de la clase.

Preguntas Teóricas

1. ¿Qué es la abstracción y por qué es útil?

2. ¿Qué son las clases abstractas y los métodos abstractos?

3. ¿Qué es la encapsulación y por qué es importante?

4. ¿Qué son los modificadores de acceso en Dart y cómo se utilizan?

5. ¿Qué son los getters y setters y para qué sirven?

Ejercicios:

6. Crea una clase CuentaBancaria con atributos privados _numeroCuenta y _saldo. Implementa getters y setters para acceder y modificar estos atributos. Agrega métodos para depositar y retirar dinero, asegurándote de que el saldo no pueda ser negativo.

7. Crea una clase Libro con atributos privados _titulo, _autor y _precio. Implementa getters para acceder a todos los atributos y un setter solo para el precio. Asegúrate de que el precio no pueda ser negativo.

Capítulo 21 — Mixins

Objetivos

- Comprender el concepto de mixins y su utilidad en la programación orientada a objetos.

- Saber cuándo y cómo usar mixins en Dart.

- Declarar y utilizar mixins en clases.

- Entender la diferencia entre herencia y mixins.

- Conocer las ventajas y limitaciones de los mixins.

¿Qué son los Mixins?

En Dart, un mixin es una forma de reutilizar código de una clase en múltiples jerarquías de clases. Los mixins permiten "mezclar" funcionalidades de diferentes clases en una nueva clase sin necesidad de herencia múltiple (que Dart no soporta).

Sintaxis de Mixins

Los mixins se definen con la palabra clave mixin y se utilizan en clases con la palabra clave with.

```
// Definición de un mixin

mixin MiMixin {

  // Propiedades y métodos del mixin

}
// Uso de un mixin en una clase

class MiClase extends OtraClase with MiMixin {

  // ...

}
```

Ejemplo

```
mixin Logger {

  void log(String mensaje) {

    print('LOG: $mensaje');

  }

}
```

```dart
// Clase que utiliza el mixin Logger
class Usuaria with Logger {
  String nombre;
  Usuaria(this.nombre);
  void guardar() {
    log('Usuaria $nombre está guardada.');
    // Lógica para guardar el usuario...
  }
}
void main() {
  Usuaria usuario = Usuaria('Yessy Carolina');
  usuario.guardar(); // Imprime "LOG: Usuario Juan guardado."
}
```

Explicación del Ejemplo

- Se define un mixin Logger con un método log() para imprimir mensajes de registro.

- La clase Usuario utiliza el mixin Logger con la palabra clave with.

- Ahora, la clase Usuario tiene acceso al método log() del mixin Logger.

Herencia vs. Mixins

- La herencia se utiliza para modelar relaciones "es-un" (por ejemplo, un perro *es-un* animal).

- Los mixins se utilizan para compartir funcionalidades entre clases que no están relacionadas por herencia (por ejemplo, la capacidad de registrar se puede compartir entre usuarios, productos, etc.).

Limitaciones de los Mixins

- Los mixins no pueden tener constructores.

- Los mixins no pueden extender de otras clases.

Ejemplo con Múltiples Mixins

```dart
mixin A {
  void metodoUno() {
```

```dart
    print('Método uno');
  }
}
mixin B {
  void metodoDos() {
    print('Método dos');
  }
}
class MiClase with A, B {
  void mipropioMetodo() {
    print('Mi propio método');
  }
}
void main() {
  MiClase objeto = MiClase();
  objeto.metodoUno(); // Imprime "Método uno"
  objeto.metodoDos(); // Imprime "Método dos"
  objeto.mipropioMetodo(); // Imprime "Mi propio método"
}
```

Preguntas Teóricas

1. ¿Qué son los mixins y para qué se utilizan en Dart?

2. ¿Cuál es la diferencia entre herencia y mixins?

3. ¿Cómo se definen y utilizan los mixins en Dart?

4. ¿Cuáles son las limitaciones de los mixins?

5. ¿Cuándo deberías usar un mixin en lugar de herencia o composición?

Ejercicios

1. **Mixin para Serialización:** Crea un mixin llamado Serializable que proporcione métodos para convertir un objeto a formato JSON. Utiliza este mixin en diferentes clases (por ejemplo, Producto, Cliente).

2. **Mixin para Validadores:** Crea un mixin llamado Validator que proporcione métodos para validar diferentes tipos de datos (por ejemplo, correo electrónico, número de teléfono). Utiliza este mixin en clases que necesiten validación (por ejemplo, formularios).

3. **Mixin para Observadores:** Crea un mixin llamado Observable que permita a un objeto notificar a otros objetos (observadores) cuando su estado cambia. Utiliza este mixin para implementar un patrón de diseño Observer en tu código.

Reto Opcional

- Crea un sistema de juego simple donde diferentes tipos de personajes (guerrero, mago, arquero) compartan funcionalidades comunes (como moverse, atacar) a través de mixins, pero también tengan habilidades únicas que no se comparten.

Capítulo 22 — Matemáticas en Dart

Objetivos

Al finalizar este capítulo, serás capaz de:

- Utilizar la librería dart:math para realizar operaciones matemáticas en Dart.

- Aplicar funciones matemáticas como seno, coseno, tangente, raíz cuadrada, logaritmos, etc.

- Utilizar constantes matemáticas como pi y e.

- Resolver problemas matemáticos comunes en Dart, como calcular áreas, volúmenes y realizar conversiones de unidades.

- Generar números aleatorios para diversas aplicaciones.

- Aplicar funciones matemáticas a problemas del mundo real.

- Escribir código eficiente y legible para realizar cálculos matemáticos.

Introducción

Dart proporciona una librería completa para realizar operaciones matemáticas, llamada dart:math. Esta librería incluye funciones para cálculos trigonométricos, exponenciales, logarítmicos, algebraicos y mucho más. En este capítulo, exploraremos las funciones y constantes más importantes de la librería dart:math y cómo utilizarlas para resolver problemas matemáticos en tus programas Dart.

Importando la Librería dart:math

Para utilizar la librería dart:math, debes importarla al principio de tu archivo Dart:

import 'dart:math';

Funciones Matemáticas

La librería dart:math ofrece una amplia variedad de funciones matemáticas, incluyendo:

Funciones Matemáticas

La librería dart:math ofrece una amplia variedad de funciones matemáticas. Aquí te presento algunas de las más utilizadas, categorizadas por su funcionalidad:

Trigonometría:

- sin(x): Calcula el seno de x (en radianes).

- cos(x): Calcula el coseno de x (en radianes).

- tan(x): Calcula la tangente de x (en radianes).

- asin(x): Calcula el arcoseno de x.

- acos(x): Calcula el arcocoseno de x.

- atan(x): Calcula el arcotangente de x.

Exponenciales y Logaritmos:

- exp(x): Calcula e elevado a la potencia x.

- log(x): Calcula el logaritmo natural de x.

- pow(x, y): Calcula x elevado a la potencia y.

- sqrt(x): Calcula la raíz cuadrada de x.

Números y operaciones:

- abs(x): Devuelve el valor absoluto de x.

- ceil(x): Devuelve el entero más pequeño mayor o igual que x.

- floor(x): Devuelve el entero más grande menor o igual que 1 x.

- round(x): Redondea x al entero más cercano.

- max(x, y): Devuelve el mayor de dos números x e y.

- min(x, y): Devuelve el menor de dos números x e y.

Ejemplos:

```
import 'dart:math';
void main() {
  double numero = 25;
  double raizCuadrada = sqrt(numero);
  print('La raíz cuadrada de $numero es: $raizCuadrada');
}
import 'dart:math';
void main() {
  double anguloEnRadianes = pi / 2; // pi / 2 radianes = 90 grados
  double seno = sin(anguloEnRadianes);
```

```dart
  print('El seno de $anguloEnRadianes radianes es: $seno');
}
```

3. Calcular el máximo y el mínimo de dos números

```dart
import 'dart:math';

void main() {

  int numero1 = 10;

  int numero2 = 5;

  int maximo = max(numero1, numero2);

  int minimo = min(numero1, numero2);

  print('El número máximo entre $numero1 y $numero2 es: $maximo');

  print('El número mínimo entre $numero1 y $numero2 es: $minimo');

}
```

Constantes Matemáticas

La librería dart:math también define algunas constantes matemáticas útiles:

```
π (pi): Relación entre la circunferencia y el diámetro de un círculo
aproximadamente 3.14159).
e: Base del logaritmo natural (aproximadamente 2.71828).
√2 (sqrt2): Raíz cuadrada de 2 (aproximadamente 1.41421).
√(1/2) (sqrt1_2): Raíz cuadrada de 1/2 (aproximadamente 0.707107).
```

Ejemplos de Aplicaciones

```dart
4.  Calcular el área de un círculo:

import 'dart:math';

void main() {

  double radio = 16;

  double area = pi * radio * radio;

  print('El área del círculo es: $area');

}
```

Convertir grados Celsius a Fahrenheit:

```dart
void main() {

double celsius = 36.5;
```

```dart
double fahrenheit = celsius * 9 / 5 + 32;
print('$celsius grados Celsius son $fahrenheit grados Fahrenheit.');
    }
```

Convertir grados Fahrenheit a Centígrados

```dart
void main() {
  double fahrenheit = 97.7; // Ejemplo: 97.7 grados Fahrenheit
  double celsius = (fahrenheit - 32) * 5 / 9;
  print('$fahrenheit grados Fahrenheit son $celsius grados Celsius.');
}
import 'dart:math';
void main() {
  var random = Random();
  int numeroAleatorio = random.nextInt(100); // Genera un número aleatorio
entre 0 y 99
  print(numeroAleatorio);
}
```

Redondear un número al entero más cercano

```dart
void main() {
  double numero = 62.3;
  int numeroRedondeado = numero.round();
  print('El número $numero redondeado es: $numeroRedondeado');
  numero = 22.6;
  numeroRedondeado = numero.round();
  print('El número $numero redondeado es: $numeroRedondeado');
}
```

Definir el numero de decimales en un resultado.

```dart
void main() {
  double precio = 12.3456789;
  // Método 1: Usando toStringAsFixed()
```

```dart
String precioCon2Decimales = precio.toStringAsFixed(2);
print('Precio con 2 decimales: $precioCon2Decimales');
// Método 2: Usando String.Format
String precioCon2DecimalesFormat =
    double.parse(precio.toStringAsPrecision(3)).toStringAsFixed(2);
print(
    'Precio con 2 decimales: $precioCon2DecimalesFormat');
}
```

Ejemplo: Generar numero aleatorio entre dos números.

```dart
import 'dart:math';
void main() {
  var random = Random();
  int min = 10;
  int max = 20;
  int numeroAleatorio = min + random.nextInt(max - min + 1);
  print(numeroAleatorio); // Imprime un número aleatorio entre 10 y 20 (inclusive)
}
```

Ejemplo: Aleatoria con f+utas:

```dart
import 'dart:math';
void main() {
  List<String> frutas = ['manzana', 'banana', 'naranja', 'uva', 'fresa'];
  var random = Random();
  int indiceAleatorio = random.nextInt(frutas.length);
  String frutaAleatoria = frutas[indiceAleatorio];
  print('La fruta aleatoria es: $frutaAleatoria');
}
```

Ejemplo: Mismo ejemplo con imágenes de frutas

```dart
import 'dart:math';
void main() {
  List<String> frutas = [
```

```
    ' 🍎 Manzana',

    ' 🍌 Banana',

    ' 🍊 Naranja',

    ' 🍇 Uva',

    ' 🍓 Fresa'

  ];

  var random = Random();

  int indiceAleatorio = random.nextInt(frutas.length);

  String frutaAleatoria = frutas[indiceAleatorio];

  print('La fruta aleatoria es: $frutaAleatoria');

}
```

Calcular la distancia entre dos puntos:

```
import 'dart:math';

void main() {

  double x1 = 57;

  double y1 = 5;

  double x2 = 17;

  double y2 = 1;

  double distancia = sqrt(pow(x2 - x1, 2) + pow(y2 - y1, 2));

  print('La distancia entre los puntos es: $distancia');

}

Calcular el interés compuesto:

import 'dart:math';

void main() {

  double principal = 3000;

  double tasaInteres = 0.04; // 5 %

  int tiempo = 21; // años

  double montoFinal = principal * pow(1 + tasaInteres, tiempo);

  print('El monto final después de $tiempo años es: $montoFinal');

}
```

Convertir unidades de peso

```
// Función para convertir libras a kilogramos
double librasAKilogramos(double libras) {
  return libras * 0.453592;
}
// Función para convertir kilogramos a libras
double kilogramosALibras(double kilogramos) {
  return kilogramos / 0.453592;
}
// Función para convertir gramos a kilogramos
double gramosAKilogramos(double gramos) {
  return gramos / 1000;
}
// Función para convertir kilogramos a gramos
double kilogramosAGramos(double kilogramos) {
  return kilogramos * 1000;
}
void main() {
  // Ejemplos de uso
  double pesoEnLibras = 150;
  double pesoEnKilogramos = librasAKilogramos(pesoEnLibras);
  print('$pesoEnLibras libras son aproximadamente $pesoEnKilogramos
kilogramos.');
  double pesoEnKilogramos2 = 70;
  double pesoEnLibras2 = kilogramosALibras(pesoEnKilogramos2);
  print('$pesoEnKilogramos2 kilogramos son aproximadamente $pesoEnLibras2
libras.');
  double pesoEnGramos = 500;
  double pesoEnKilogramos3 = gramosAKilogramos(pesoEnGramos);
  print('$pesoEnGramos gramos son $pesoEnKilogramos3 kilogramos.');
  double pesoEnKilogramos4 = 0.8;
```

```
double pesoEnGramos2 = kilogramosAGramos(pesoEnKilogramos4);

print('$pesoEnKilogramos4 kilogramos son $pesoEnGramos2 gramos.');
}
```

Resumen

La librería dart:math proporciona una amplia gama de funciones y constantes para realizar operaciones matemáticas en Dart. Puedes utilizar estas herramientas para resolver problemas matemáticos comunes en tus programas, como calcular áreas, volúmenes, realizar conversiones de unidades y generar números aleatorios.

Preguntas Teóricas

1. ¿Qué es la librería dart:math?

2. ¿Cómo se importa la librería dart:math en un programa Dart?

3. ¿Cuáles son algunas de las funciones matemáticas disponibles en la librería dart:math?

4. ¿Cuáles son las constantes matemáticas definidas en la librería dart:math?

5. ¿Cómo se genera un número aleatorio en Dart?

Ejercicios

1. Escribe un programa que calcule la hipotenusa de un triángulo rectángulo, dados los catetos.

2. Escribe un programa que calcule el volumen de una esfera, dado el radio.

3. Escribe un programa que genere 10 números aleatorios entre 1 y 100.

4. Escribe un programa que convierta grados Fahrenheit a Celsius.

5. Escribe un programa que calcule el factorial de un número utilizando un bucle.

Capítulo 23 — Fórmulas en Salud

Objetivos

Al finalizar este capítulo, serás capaz de:

- Aplicar tus conocimientos de Dart para resolver problemas de salud utilizando fórmulas.

- Implementar fórmulas comunes en el ámbito de la salud, como el cálculo de la fecha probable de parto, el índice de masa corporal (IMC) y la dosis de medicamentos.

- Utilizar variables, operadores y estructuras de control para procesar datos de salud.

- Escribir código Dart eficiente y legible para realizar cálculos médicos.

- Comprender la importancia de la precisión y la validación de datos en el desarrollo de aplicaciones de salud.

Introducción

Dart, con su versatilidad y facilidad de uso, puede ser una herramienta poderosa en el campo de la salud. En este capítulo, exploraremos cómo utilizar Dart para implementar fórmulas médicas y resolver problemas comunes en el cuidado de la salud. Aprenderás a calcular la fecha probable de parto, el índice de masa corporal, la dosis de medicamentos y otras fórmulas relevantes, utilizando tus conocimientos de variables, operadores y estructuras de control en Dart.

Cálculo de la Fecha Probable de Parto (FPP)

La fecha probable de parto se calcula utilizando la regla de Naegele, que consiste en sumar 7 días al primer día de la última menstruación (FUM), restar 3 meses y sumar 1 año.

Ejemplo:

```
void main() {
  var diaFUM = 10;
  var mesFUM = 1;  // Enero
  var anioFUM = 2025;
  var diaFPP = diaFUM + 7;
  var mesFPP = mesFUM - 3;
  if (mesFPP <= 0) {
```

```
    mesFPP += 12;   // Ajustar el mes si es negativo

    anioFUM--;      // Restar un año

  }

  var anioFPP = anioFUM + 1;

  print('La fecha probable de parto es: $diaFPP/$mesFPP/$anioFPP');

}
```

Salida:

La fecha probable de parto es: 17/10/2024

Ejemplo:

Cálculo del Índice de Masa Corporal (IMC)

El IMC es una medida que relaciona el peso y la altura de una persona para determinar si su peso está dentro de un rango saludable. [1] Se calcula dividiendo el peso (en kilogramos) entre la altura al cuadrado (en metros).

Ejemplo:

```
void main() {

  double talla = 1.62; // metros

  double peso =71;    // kg

  double tallaR = talla * talla;

  double imc = peso / tallaR;

  print('Tu IMC es: $imc'); // Salida: Tu IMC es: 23.62125857393873

  if (imc < 18.5) {

    print('Tienes bajo peso.');

  } else if (imc < 25) {

    print('Tienes un peso normal.');

  } else if (imc < 30) {

    print('Tienes sobrepeso.');

  } else {

    print('Tienes obesidad.');

  }

}
```

Explicación:

En este ejemplo, primero se declaran las variables talla y peso con los valores correspondientes. Luego, se calcula el cuadrado de la talla (tallaR) y se divide el peso entre este valor para obtener el IMC. Finalmente, se imprime el resultado y se utiliza una estructura condicional if-else if para determinar el estado del peso de la persona en función del IMC.

Cálculo en ml de la Dosis de medicamentos

La dosis de medicamentos a menudo se calcula en función del peso del paciente. Puedes utilizar Dart para crear programas que calculen la dosis correcta.

Ejemplo:

```
void main() {
  double pesoPaciente = 15; // kg
  double dosisPorKg = 10; // mg/kg
  double concentr = 120/5;
  double dosisTotal = (pesoPaciente * dosisPorKg)/concentr;
  print('La dosis total es: $dosisTotal ml');
}
Otras Fórmulas de Salud
```

Dart puede utilizarse para implementar una variedad de fórmulas de salud, como:

- Cálculo del gasto cardíaco: Gasto cardíaco = Frecuencia cardíaca x Volumen sistólico.

- Cálculo de la tasa de filtración glomerular (TFG): Existen diferentes fórmulas para calcular la TFG, como la fórmula de Cockcroft-Gault y la fórmula MDRD.

- Cálculo del porcentaje de grasa corporal: Existen diferentes métodos para estimar el porcentaje de grasa corporal, como el método de la circunferencia de la cintura y el método de la impedancia bioeléctrica.

Consideraciones Importantes

Al desarrollar aplicaciones de salud con Dart, es crucial tener en cuenta:

- Precisión: Asegúrate de que las fórmulas estén implementadas correctamente y que los cálculos sean precisos.

- Validación de datos: Valida los datos de entrada para evitar errores y garantizar la seguridad del paciente.

- Unidades: Presta atención a las unidades de medida utilizadas en las fórmulas y realiza las conversiones necesarias.

- Ética: Considera las implicaciones éticas del uso de software en el cuidado de la salud y cumple con las regulaciones y normativas relevantes.

Resumen

Dart puede ser una herramienta valiosa para implementar fórmulas de salud y resolver problemas médicos. En este capítulo, hemos explorado cómo utilizar Dart para calcular la fecha probable de parto, el IMC, la dosis de medicamentos y otras fórmulas relevantes. Recuerda que la precisión, la validación de datos y las consideraciones éticas son fundamentales al desarrollar aplicaciones de salud.

Preguntas Teóricas

1. ¿Cuáles son las ventajas de utilizar Dart para implementar fórmulas de salud?

2. ¿Por qué es importante la validación de datos en las aplicaciones de salud?

3. ¿Qué consideraciones éticas se deben tener en cuenta al desarrollar software para el cuidado de la salud?

Ejercicios

1. Escribe un programa que calcule la dosis de un medicamento para un niño en función de su peso y edad.

2. Escribe un programa que calcule el gasto cardíaco de un paciente, dada su frecuencia cardíaca y volumen sistólico.

3. Investiga una fórmula de salud que te interese e impleméntala en Dart

Capítulo 24 — Librerías

Objetivos

Al finalizar este capítulo, serás capaz de:

- Comprender el concepto de librería y su importancia en el desarrollo de software.

- Importar librerías en Dart utilizando la palabra clave import.

- Utilizar el administrador de paquetes Pub para acceder a librerías externas.

- Identificar y utilizar librerías comunes en Dart, incluyendo librerías principales y paquetes populares.

- Instalar y gestionar paquetes con Pub.

- Resolver conflictos entre librerías utilizando prefijos.

- Importar partes específicas de una librería utilizando show y hide.

- Comprender la estructura de las librerías y cómo se organizan en paquetes.

- Utilizar pubspec.yaml para gestionar las dependencias de tu proyecto.

Introducción

Las librerías son colecciones de código reutilizable que te permiten acceder a funcionalidades predefinidas, como funciones, clases y variables. En Dart, las librerías se organizan en paquetes, que son unidades modulares que puedes importar en tus proyectos. Esto te permite evitar la duplicación de código y aprovechar el trabajo de otros desarrolladores. En este capítulo, exploraremos cómo trabajar con librerías en Dart, incluyendo cómo importarlas, utilizar el administrador de paquetes Pub, instalar paquetes y resolver conflictos entre librerías.

Importando Librerías

Para utilizar una librería en Dart, debes importarla al principio de tu archivo utilizando la palabra clave import seguida del URI (Uniform Resource Identifier) de la librería.

Ejemplos:

```
import 'dart:math'; // Importa la librería matemática de Dart
```

import 'dart:html'; // Importa la librería para trabajar con el DOM en la web

import 'package:test/test.dart'; // Importa la librería para escribir pruebas unitarias

141

El Administrador de Paquetes Pub

Pub es el administrador de paquetes de Dart. Te permite acceder a una gran cantidad de librerías reutilizables para Dart, Angular Dart y Flutter. Puedes encontrar paquetes públicos en el sitio web pub.dev.

Instalando Paquetes

Para utilizar un paquete de Pub, debes agregarlo como dependencia en el archivo pubspec.yaml de tu proyecto. Este archivo se encuentra en la raíz de tu proyecto y contiene información sobre las dependencias, la versión del proyecto y otros metadatos.

Ejemplo de pubspec.yaml:

```YAML
name: mi_proyecto
description: Una aplicación Dart simple.
version: 1.0.0
dependencies:
  http: ^0.13.4
  flutter:
    sdk: flutter
```

En este ejemplo, se agrega el paquete http como dependencia. La sintaxis ^0.13.4 indica que se utilizará la versión 0.13.4 o una versión compatible posterior.

Después de agregar la dependencia en pubspec.yaml, debes ejecutar el comando dart pub get en la terminal para descargar e instalar el paquete.

Actualizando Paquetes

Para actualizar los paquetes a sus últimas versiones, puedes ejecutar el comando dart pub upgrade.

Librerías Comunes en Dart

Dart ofrece una variedad de librerías principales (core libraries) que proporcionan funcionalidades esenciales:

- **dart:core**: Contiene tipos de datos básicos, colecciones, y otras funcionalidades fundamentales. Se importa automáticamente en todos los programas Dart.

- **dart:async**: Proporciona clases para trabajar con programación asíncrona, como Future y Stream.

- **dart:io**: Permite realizar operaciones de entrada/salida, como leer y escribir archivos, trabajar con sockets, etc.

- **dart:collection**: Ofrece estructuras de datos adicionales, como colas (Queue), conjuntos (Set) y mapas (Map).

- **dart:convert**: Proporciona herramientas para codificar y decodificar datos en diferentes formatos, como JSON.

- **dart:math**: Contiene funciones matemáticas, como seno, coseno, raíz cuadrada, etc., y constantes como pi.

Además de las librerías principales, existen muchos paquetes populares en Pub que puedes utilizar en tus proyectos:

- **http**: Para realizar peticiones HTTP.

- **path**: Para manipular rutas de archivos y directorios.

- intl: Para internacionalización y localización de aplicaciones.

- **test**: Para escribir pruebas unitarias.

- **flutte**r: Para desarrollar aplicaciones móviles multiplataforma con Flutter.

Librerías en Conflicto

Si dos librerías tienen elementos con el mismo nombre, puede haber conflictos. Para resolverlos, puedes utilizar un prefijo para una o ambas librerías.

Ejemplo:

import 'package:libreriaA/libreriaA.dart';

import 'package:libreriaB/libreriaB.dart' as libB;

// Usando elementos de libreriaA

var elementoA = Elemento();

// Usando elementos de libreriaB

var elementoB = libB.Elemento();

Importando Partes Específicas de una Librería

Puedes importar solo partes específicas de una librería utilizando las palabras clave show y hide.

- show: Importa solo los elementos especificados.

- hide: Importa todos los elementos excepto los especificados.

Ejemplos:

import 'package:libreriaA/libreriaA.dart' show ClaseA, funcionA; // Importa solo ClaseA y funcionA

import 'package:libreriaB/libreriaB.dart' hide ClaseB; // Importa todo excepto ClaseB

Estructura de las Librerías

Las librerías se organizan en paquetes. Un paquete puede contener varias librerías, y cada librería puede contener clases, funciones, variables, etc. Los paquetes se publican en Pub y se pueden utilizar en otros proyectos.

Resumen

Las librerías son una parte fundamental del desarrollo en Dart. Te permiten reutilizar código y acceder a funcionalidades predefinidas. Puedes importar librerías utilizando la palabra clave import. El administrador de paquetes Pub te permite acceder a una gran cantidad de librerías externas. Puedes resolver conflictos entre librerías utilizando prefijos y puedes importar partes específicas de una librería utilizando show y hide.

Preguntas Teóricas

1. ¿Qué es una librería en Dart?

2. ¿Cómo se importa una librería en Dart?

3. ¿Qué es el administrador de paquetes Pub?

4. ¿Cómo se resuelven los conflictos entre librerías?

5. ¿Cómo se importan partes específicas de una librería?

Ejercicios

1. Busca en pub.dev una librería que te interese y agrégala como dependencia en tu proyecto.

144

2. Importa la librería dart:io y utiliza la clase File para leer el contenido de un archivo.

3. Crea un programa que importe dos librerías que tengan un elemento con el mismo nombre. Resuelve el conflicto utilizando un prefijo.

4. Importa la librería dart:collection y utiliza la clase Queue para crear una cola.

Capítulo 25 — Asincronía, Deferred Loading, async, await y Futures

Objetivos

Al finalizar este capítulo, serás capaz de:

- Comprender el concepto de asincronía y su importancia en el desarrollo de aplicaciones, especialmente en entornos como la web y dispositivos móviles.

- Utilizar Deferred Loading para cargar librerías de forma diferida y optimizar el rendimiento de tus aplicaciones, particularmente en la web.

- Escribir código asíncrono utilizando las palabras clave async y await, logrando un código más legible y fácil de mantener.

- Trabajar con objetos Future para representar resultados futuros y manejar operaciones asíncronas de manera eficiente.

- Utilizar then() para ejecutar código después de que un Future se complete, encadenando operaciones asíncronas.

- Manejar errores en código asíncrono utilizando bloques try-catch, asegurando la robustez de tus aplicaciones.

- Aplicar la asincronía para mejorar el rendimiento y la capacidad de respuesta de tus aplicaciones, evitando bloqueos y mejorando la experiencia del usuario.

- Comprender las diferencias entre Future y Stream y cuándo utilizar cada uno.

Introducción

La asincronía es un paradigma de programación esencial en el desarrollo de aplicaciones modernas, donde las operaciones que consumen tiempo, como las interacciones con la red, el acceso a bases de datos o el procesamiento de grandes volúmenes de datos, no deben bloquear la ejecución del programa principal. Dart ofrece un conjunto de herramientas poderosas para trabajar con asincronía, incluyendo Deferred Loading, async/await y Futures, que permiten escribir código asíncrono de forma eficiente y legible. En este capítulo, exploraremos estas herramientas y cómo aplicarlas en diferentes escenarios.

Deferred Loading

Deferred Loading (carga diferida) es una técnica que permite cargar librerías solo cuando se necesitan. Esto es especialmente útil en aplicaciones web, donde la carga inicial de la página puede ser un factor crítico para la experiencia del usuario. Al diferir la carga de librerías grandes o que no se utilizan con frecuencia, puedes reducir el tiempo de carga inicial y mejorar la capacidad de respuesta de la aplicación.

¿Cómo funciona?

Cuando utilizas Deferred Loading, el compilador de Dart genera un archivo JavaScript separado para la librería diferida. Este archivo se descarga solo cuando se necesita, utilizando la función loadLibrary().

Ejemplo:

```dart
import 'dart:async'; // Importa 'dart:async' para usar Future


Future<void> main() async {
  print('Iniciando la aplicación...');
  // Simulamos una operación que podría beneficiarse de
'dart:isolate'
  print('Realizando una tarea intensiva...');
  await Future.delayed(Duration(seconds: 2)); // Simula un trabajo
pesado
  print('La librería de isolates no está disponible en DartPad.');
  print('En su lugar, simularemos su comportamiento.');
  print('Simulando la creación de un isolate...');
  var receivePort = StreamController(); // Usamos StreamController
en DartPad
  // Simulando el trabajo del isolate
  _isolateFunction((message) {
    receivePort.add(message);
  });
  receivePort.stream.listen((message) {
    print('Mensaje "recibido" desde el isolate: $message');
  });
  print('Esperando "mensajes" desde el isolate...');
}
void _isolateFunction(Function(String) sendPort) {
```

```
  print('Isolate "iniciado". Realizando trabajo en segundo
plano...');

  // Simula trabajo en el isolate
  int resultado = 0;
  for (int i = 0; i < 100000000; i++) {
    resultado += i;
  }
  sendPort('Resultado del trabajo en segundo plano: $resultado');
  print('Isolate "completado".');
}
/*

 * Iniciando la aplicación...

Realizando una tarea intensiva...

La librería de isolates no está disponible en DartPad.

En su lugar, simularemos su comportamiento.

Simulando la creación de un isolate...

Isolate "iniciado". Realizando trabajo en segundo plano...

Isolate "completado".

Esperando "mensajes" desde el isolate...

Mensaje "recibido" desde el isolate: Resultado del trabajo en segundo plano:
4999999950000000

*/Consideraciones:
```

- Deferred Loading solo es soportado por dart2js (el compilador de Dart a JavaScript).

- No es soportado por Flutter ni por la máquina virtual de Dart.

Asincronía con async y await

Las palabras clave async y await simplifican la escritura de código asíncrono en Dart. Te permiten escribir código que se lee como si fuera síncrono, pero que se ejecuta de forma asíncrona sin bloquear el hilo principal de la aplicación.

- **async**: Se utiliza para marcar una función como asíncrona. Una función marcada con async siempre devuelve un objeto Future, incluso si no hay una declaración return explícita. En este caso, la función devuelve un Future<void>.

- **await**: Se utiliza para pausar la ejecución de una función async hasta que un Future se complete. La palabra clave await solo se puede utilizar dentro de una función async.

Ejemplo:

```
Future<String> obtenerDatos() async {
  // Simula una operación asíncrona que tarda 2 segundos
  await Future.delayed(Duration(seconds: 3));
  return 'Ya llegamos despues de 3 segundos, somos los datos';
}
void main() async {
  print('Esperando datos...');
  String datos = await obtenerDatos();
  print(datos); // Imprime "Datos obtenidos" después de 3 segundos
}
```

En este ejemplo, la función obtenerDatos() se marca como async y utiliza await para esperar el resultado de Future.delayed(). Esto pausa la ejecución de la función durante 2 segundos sin bloquear el hilo principal.

Objetos Future

Un objeto Future representa un valor o un error que estará disponible en el futuro. Las funciones asíncronas devuelven Futures.

Métodos útiles de Future

- then(): Permite registrar una función que se ejecutará cuando el Future se complete con éxito. Recibe como argumento una función que toma el valor del Future como parámetro.

```
obtenerDatos().then((datos) {
  print(datos);
});
```

- catchError(): Permite registrar una función que se ejecutará si el Future se completa con un error. Recibe como argumento una función que toma el error como parámetro.

```
obtenerDatos().catchError((error) {
```

  print('Error: $error');

});

- whenComplete(): Permite registrar una función que se ejecutará cuando el Future se complete, independientemente de si se completa con éxito o con un error.

```
obtenerDatos().whenComplete(() {
```

```
  print('Operación completada.');
```

```
});
```

```
Encadenando Futures con then()
```

Puedes encadenar varios Futures utilizando el método then(). Esto te permite ejecutar operaciones asíncronas en secuencia.

```
Future<void> procesarDatos() async {
```

```
  obtenerDatos()
```

```
    .then((datos) => procesarDatos1(datos))
```

```
    .then((datosProcesados1) => procesarDatos2(datosProcesados1))
```

```
    .then((resultadoFinal) => print(resultadoFinal))
```

```
    .catchError((error) => print('Error: $error'));
```

```
}
```

Manejo de Errores

Puedes utilizar bloques try-catch para manejar excepciones en código asíncrono.

Ejemplo:

```
Future<void> miFuncionAsincrona() async {
```

```
  try {
```

```
    // Simulamos una operación asíncrona
```

```
    var resultado = await operacionAsincrona();
```

```
    print('Resultado: $resultado');
```

```
  } catch (e) {
```

```
    print('Error: $e');
```

```
    }
  }
  Future<int> operacionAsincrona() async {
    // Simulamos una operación que tarda un poco
    await Future.delayed(Duration(seconds: 2));
    // Simulamos un error aleatorio
    if (DateTime.now().millisecond % 2 == 0) {
      throw Exception('¡Ups! algo no está bien!');
    }
    return 42;
  }
  void main() async {
    await miFuncionAsincrona();
  }}
```

Future vs. Stream

- Future: Representa un único valor o error que estará disponible en el futuro.

- Stream: Representa una secuencia de valores o errores que estarán disponibles en el futuro. Se utiliza para manejar flujos de datos asíncronos, como eventos de usuario, datos de sensores o conexiones de red.

Ejemplo:

```
import 'dart:async';
void main() async {
  // Creamos un StreamController para manejar los eventos del Stream
  var controller = StreamController<int>();
  // Escuchamos los eventos del Stream
  controller.stream.listen((event) {
    print('Recibido: $event');
  });
  // Agregamos eventos al Stream
  controller.add(1);
```

```
    controller.add(2);

    controller.add(3);

    controller.add(4);

    controller.add(5);

    // Cerramos el StreamController

    controller.close();

}
/* La salida será

Recibido: 1

Recibido: 2

Recibido: 3

Recibido: 4

Recibido: 5

*/
```

Resumen

La asincronía es esencial para el desarrollo de aplicaciones modernas. Dart ofrece herramientas como Deferred Loading, async/await y Futures para trabajar con asincronía de forma eficiente. Utilizar estas herramientas te permite escribir código más legible, mejorar el rendimiento y la capacidad de respuesta de tus aplicaciones.

Preguntas Teóricas

1. ¿Qué es la asincronía y por qué es importante en la programación?

2. ¿Cómo funciona Deferred Loading en Dart?

3. ¿Cuál es la diferencia entre async y await?

4. ¿Qué es un objeto Future?

5. ¿Cómo se manejan los errores en código asíncrono?

6. ¿Cuál es la diferencia entre Future y Stream?

Ejercicios

1. Crea una función asíncrona que simule una descarga de datos de internet con un retraso de 3 segundos.

2. Utiliza async/await para llamar a la función del ejercicio anterior e imprimir los datos descargados.

3. Maneja posibles errores en la función del ejercicio 1 utilizando un bloque try-catch.

4. Investiga sobre la clase Stream en Dart y cómo se utiliza para manejar flujos de datos asíncronos.

5. Crea un ejemplo que encadene dos Futures utilizando then(). La primera función debe simular una descarga de datos y la segunda función debe procesar esos datos.

Capítulo 26 — Características Avanzadas de Dart

Objetivos

Al finalizar este capítulo, serás capaz de:

- Utilizar generadores síncronos y asíncronos para producir secuencias de valores de forma eficiente.

- Implementar clases invocables (callable classes) con el método call() para una mayor flexibilidad en tu código.

- Comprender el concepto de isolates y cómo se utilizan para la concurrencia en Dart, aprovechando el paralelismo para mejorar el `rendimiento`.

- Aplicar typedefs para dar nombres a tipos de funciones, mejorando la legibilidad y organización de tu código.

- Utilizar metadatos para añadir información adicional a tu código, como anotaciones para análisis estático o generación de código.

- Trabajar con expresiones regulares para buscar y manipular patrones en cadenas de texto.

- Utilizar la librería dart:convert para codificar y decodificar datos en diferentes formatos, como JSON.

- Implementar la internacionalización y localización en tus aplicaciones Dart.

Introducción

Este capítulo explora características avanzadas de Dart que te permiten escribir código más expresivo, eficiente y mantenible. Abordaremos temas como generadores, clases invocables, isolates, typedefs, metadatos, expresiones regulares, codificación y decodificación de datos, e internacionalización, proporcionándote las herramientas para llevar tus habilidades de programación en Dart al siguiente nivel.

Generadores

Los generadores son funciones especiales que producen una secuencia de valores a lo largo del tiempo. En Dart, existen dos tipos de generadores:

- Generadores síncronos (sync*): Retornan un objeto Iterable. Se utilizan para generar secuencias de valores de forma síncrona.

- Generadores asíncronos (async*): Retornan un objeto Stream. Se utilizan para generar secuencias de valores de forma asíncrona.

154

Ejemplo de generador síncrono:

```
Iterable<int> numerosPares(int n) sync* {
  for (int i = 0; i <= n; i += 2) {
    yield i;
  }
}

void main() {
  for (var numero in numerosPares(10)) {
    print(numero); // Imprime 0, 2, 4, 6, 8, 10
  }
}
```

Ejemplo de generador asíncrono:

```
Stream<int> numerosAsincronos(int n) async* {
  for (int i = 0; i <= n; i++) {
    await Future.delayed(Duration(seconds: 1));
    yield i;
  }
}

void main() async {
  await for (var numero in numerosAsincronos(5)) {
    print(numero); // Imprime 0, 1, 2, 3, 4, 5 con un segundo de
retraso entre cada número
  }
}
```

Clases Invocables (Callable Classes)

Puedes hacer que una clase sea invocable implementando el método call(). Esto te permite llamar a una instancia de la clase como si fuera una función.

Ejemplo:

```
class Sumador {
  int call(int a, int b) => a + b;
}
```

```dart
void main() {

  var sumador = Sumador();

  var resultado = sumador(5, 3); // Llama al método call()

  print(resultado); // Imprime 8

}
```

Isolates

Los isolates son unidades de ejecución independientes que tienen su propia memoria y un único hilo de ejecución. Se utilizan para la concurrencia en Dart, permitiendo que tu aplicación realice tareas en paralelo sin compartir memoria.

Ejemplo:

```dart
import 'dart:async';

void procesoAislado(Function(dynamic) sendPort) { // Cambiado a Function

  int resultado = calcularAlgoComplejo();

  sendPort(resultado); // Llamamos a la función sendPort

}

int calcularAlgoComplejo() {

  int resultado = 0;

  for (int i = 0; i < 100000000; i++) {

    resultado += i;

  }

  return resultado;

}

void main() async {

  var receivePort = StreamController();

  procesoAislado((message) {  // Pasamos una función anónima

    receivePort.add(message);

  });

  receivePort.stream.listen((mensaje) {

    print('Resultado del cálculo: $mensaje');

  });
```

```
}
```

Typedefs

Los typedefs te permiten dar nombres a tipos de funciones. Esto puede mejorar la legibilidad del código y facilitar la reutilización de tipos de funciones.

Ejemplo:

```
typedef OperacionMatematica = int Function(int, int);

int sumar(int a, int b) => a + b;

void main() {

  OperacionMatematica operacion = sumar;

  var resultado = operacion(5, 3);

  print(resultado); // Imprime 8

}
```

Metadatos

Los metadatos son anotaciones que se utilizan para añadir información adicional al código. Se definen utilizando el símbolo @ seguido de una constante o una llamada a un constructor constante.

Dart tiene dos anotaciones predefinidas:

- @override: Indica que un método sobreescribe un método de la superclase.

- @deprecated: Indica que un elemento está obsoleto y no se recomienda su uso.

  También puedes definir tus propias anotaciones de metadatos.

Expresiones Regulares

Las expresiones regulares son patrones que se utilizan para buscar y manipular cadenas de texto. Dart ofrece la clase RegExp para trabajar con expresiones regulares.

Ejemplo:

```
void main() {

  var regex = RegExp(r'\d+'); // Busca uno o más dígitos

  var texto = 'Tengo 22 manzanas y 62 peras.';
```

```
// Encuentra todas las coincidencias
Iterable<Match> coincidencias = regex.allMatches(texto);


for (var coincidencia in coincidencias) {
  print(coincidencia.group(0)); // Imprime "22" y "62"
}
}
```

Codificación y Decodificación de Datos

La librería dart:convert proporciona herramientas para codificar y decodificar datos en diferentes formatos, como JSON.

Ejemplo:

```
import 'dart:convert';
void main() {
  var jsonData = '{ "nombre": "Licida", "edad": 60 }';
  var objeto = jsonDecode(jsonData);
  print(objeto['nombre']); // Imprime "Licida"
  var miMapa = {'mensaje': 'No estoy decepcionada'};
  var jsonString = jsonEncode(miMapa);
  print(jsonString); // Imprime '{"mensaje":"Recuerdo de Licida"}'
}
```

Internacionalización y Localización

Dart ofrece herramientas para la internacionalización y localización de aplicaciones, lo que te permite adaptar tu aplicación a diferentes idiomas y regiones.

Puedes utilizar la librería **intl** para formatear fechas, números y monedas de acuerdo con las convenciones locales.

Providers en Dart

En Dart, los Providers son una forma de gestionar y compartir el estado (datos) de tu aplicación de manera eficiente. Imagina que tienes una variable que quieres usar en diferentes partes de tu app. Sin Providers, tendrías que pasar esa variable de un widget a otro, lo cual puede volverse complicado y difícil de mantener. Los

158

Providers te permiten poner esa variable en un lugar centralizado y hacerla accesible desde cualquier widget que la necesite.

Tipos de Providers

Existen varios tipos de Providers, cada uno con un propósito específico:

- **Provider**: El Provider más básico. Crea un valor que puede ser leído por otros widgets.

- **ChangeNotifierProvider**: Se usa cuando el valor que quieres compartir puede cambiar. Otros widgets se "suscriben" a este Provider y se actualizan automáticamente cuando el valor cambia.

- **StreamProvider**: Para datos que vienen de un Stream (flujo de datos asíncrono). Útil para datos que se actualizan con el tiempo, como datos de una API o de una base de datos en tiempo real.

- **FutureProvider**: Para datos que se obtienen a través de un Future (operación asíncrona que eventualmente retorna un valor). Se usa cuando necesitas cargar datos antes de mostrarlos en la pantalla.

Ejemplo sencillo con `ChangeNotifierProvider`

Imagina que tienes un contador que quieres mostrar y modificar en diferentes partes de tu app.

```
import 'package:flutter/material.dart';

import 'package:provider/provider.dart';

// 1. Creamos la clase que gestiona el estado del contador

class ContadorModel extends ChangeNotifier {

  int _contador = 0;


  int get contador => _contador;

  void incrementar() {

    _contador++;

    notifyListeners(); // Notificamos a los widgets que están
escuchando que el valor ha cambiado

  }

}

void main() {
```

```dart
  runApp(
    // 2. Envolvemos la app con el Provider
    ChangeNotifierProvider(
      create: (_) => ContadorModel(), // Creamos una instancia de
ContadorModel
      child: MyApp(),
    ),
  );
}

class MyApp extends StatelessWidget {
  @override
  Widget build(BuildContext context) {
    return MaterialApp(
      home: Scaffold(
        appBar: AppBar(title: Text('Contador App')),
        body: Center(
          child: Column(
            mainAxisAlignment: MainAxisAlignment.center,
            children: <Widget>[
              // 3. Usamos Consumer para acceder al valor del
contador
              Consumer<ContadorModel>(
                builder: (context, contadorModel, _) {
                  return Text(
                    'Contador: ${contadorModel.contador}',
                    style: TextStyle(fontSize: 24),
                  );
                },
              ),
              ElevatedButton(
                onPressed: () {
```

```
              // 4. Llamamos al método del modelo para
incrementar el contador
                  Provider.of<ContadorModel>(context, listen:
false).incrementar();
                },
                child: Text('Incrementar'),
              ),
            ],
          ),
        ),
      ),
    );
  }
}
```

Explicación del código:

1. **ContadorModel**: Esta clase extiende ChangeNotifier y contiene el valor del contador y el método para incrementarlo. notifyListeners() notifica a los widgets que están escuchando que el valor ha cambiado.

2. **ChangeNotifierProvider**: Este widget envuelve toda la app y crea una instancia de ContadorModel, haciéndola accesible para todos los widgets dentro de la app.

3. **Consumer**: Este widget escucha los cambios en ContadorModel y se rebuild automáticamente cuando el valor del contador cambia.

4. **Provider.of**: Usamos este método para acceder a la instancia de ContadorModel y llamar al método incrementar(). listen: false indica que no queremos que este widget se rebuild cuando el valor cambie (solo queremos llamar al método).

Ventajas de usar Providers:

- **Reusabilidad**: El estado se gestiona en un solo lugar y se puede usar en múltiples widgets.

- **Mantenibilidad**: El código es más organizado y fácil de mantener.

- **Eficiencia**: Los widgets solo se rebuild cuando es necesario.

Resumen

Este capítulo ha explorado características avanzadas de Dart como generadores, clases invocables, isolates, typedefs, metadatos, expresiones regulares, codificación y decodificación de datos, e internacionalización. Estas herramientas te permiten escribir código más expresivo, eficiente y mantenible.

Preguntas Teóricas

1. ¿Qué son los generadores y para qué se utilizan?

2. ¿Cuál es la diferencia entre un generador síncrono y un asíncrono?

3. ¿Cómo se define una clase invocable en Dart?

4. ¿Qué son los isolates y para qué se utilizan?

5. ¿Qué son los typedefs y cómo se utilizan?

6. ¿Qué son los metadatos y cómo se utilizan en Dart?

7. ¿Qué son las expresiones regulares y para qué se utilizan?

8. ¿Cómo se codifican y decodifican datos en JSON en Dart?

9. ¿Qué es la internacionalización y la localización?

Ejercicios

1. Crea un generador síncrono que genere los primeros 10 números de la serie de Fibonacci.
2. Crea una clase invocable que calcule el área de un círculo.
   3) Investiga sobre la función compute() en Dart y cómo se utiliza para ejecutar código en un isolate.
   4) Define un typedef para una función que recibe un String y devuelve un bool.
   5) Crea una anotación de metadatos personalizada llamada @autor que permita especificar el autor de una clase o método.
   6) Escribe una expresión regular que valide una dirección de correo electrónico.
   7) Crea un programa que lea un archivo JSON y lo convierta a un objeto Dart.
   8) Investiga sobre la librería intl y cómo se utiliza para la internacionalización en Dart.
   9) Haz un ejemplo para demostrar el uso de Providers en Dart

Capítulo 27 — Eventos en Dart

Objetivos

Al finalizar este capítulo, serás capaz de:

- Comprender el concepto de evento en la programación y su importancia en la interacción con el usuario.

- Identificar los diferentes tipos de eventos en Dart, como clics del mouse, movimientos del mouse, pulsaciones de teclas y eventos de formulario.

- Utilizar el método listen() para registrar listeners de eventos y responder a las acciones del usuario.

- Implementar manejadores de eventos para procesar la información de los eventos.

- Aplicar eventos en diferentes contextos, como aplicaciones web, aplicaciones de escritorio y juegos.

- Crear interfaces de usuario interactivas y dinámicas utilizando eventos.

Introducción

Los eventos son acciones o sucesos que ocurren en tu aplicación, como clics del mouse, pulsaciones de teclas, movimientos del mouse, envíos de formularios, etc. La capacidad de responder a estos eventos es crucial para crear aplicaciones interactivas y dinámicas. En Dart, puedes utilizar *listeners* de eventos para detectar cuándo ocurren estos eventos y ejecutar el código correspondiente. Este capítulo te guiará a través de los conceptos básicos de los eventos en Dart, incluyendo cómo registrar *listeners*, manejar diferentes tipos de eventos y crear aplicaciones que respondan a las acciones del usuario.

Tipos de Eventos

Existen varios tipos de eventos en Dart, algunos de los más comunes son:

- ## Eventos del mouse:

  - o onClick: Se dispara cuando el usuario hace clic en un elemento.

  - o onDoubleClick: Se dispara cuando el usuario hace doble clic en un elemento.

  - o onMouseOver: Se dispara cuando el cursor del mouse se mueve sobre un elemento.

o onMouseOut: Se dispara cuando el cursor del mouse sale de un elemento.

Eventos del teclado:

o onKeyDown: Se dispara cuando el usuario presiona una tecla.

o onKeyUp: Se dispara cuando el usuario suelta una tecla.

Eventos de formulario:

o onSubmit: Se dispara cuando el usuario envía un formulario.

o onChange: Se dispara cuando el usuario cambia el valor de un elemento de formulario.

- Otros eventos:

o onLoad: Se dispara cuando se carga una página web o un componente.

o onError: Se dispara cuando ocurre un error.

Registrando *Listeners* de Eventos

Para responder a un evento, debes registrar un *listener* de eventos. En Dart, puedes utilizar el método listen() para registrar un *listener*. El método listen() recibe una función como argumento, que se ejecutará cuando ocurra el evento.

Ejemplo:

```
import 'dart:async';
oid main() {
  // Simulamos la creación de un botón
  var boton = _SimulatedButton();
  boton.onClick.listen((event) {
    print('¡Se hizo clic en el botón!');
  });
  print("Para simular un click, presiona el botón que aparece en la
pantalla de la izquierda.");
}
class _SimulatedButton {
  final StreamController _onClick = StreamController();
  Stream get onClick => _onClick.stream;
```

```
void click() {

  _onClick.add(null);

}

}
```

En este ejemplo, se registra un *listener* para el evento onClick del botón con el ID "miBoton". Cuando el usuario hace clic en el botón, se imprimirá el mensaje "¡Se hizo clic en el botón!" en la consola.

Manejadores de Eventos

La función que se pasa como argumento al método listen() se llama manejador de eventos. El manejador de eventos recibe un objeto Event como argumento, que contiene información sobre el evento que ocurrió.

Ejemplo:

```
import 'dart:async';

import 'dart:io'; // Import dart:io for stdin

void main() {

  var input = _SimulatedInput();

  input.onChange.listen((event) {

    print('El valor del input cambió a: ${input.value}');

  });

  print("Para simular un cambio, escribe algo en la consola y presiona Enter.");

  stdin.listen((line) {

    input.value = String.fromCharCodes(line).trim();

    input.change();

  });

}

class _SimulatedInput {

  String? value;

  final StreamController _onChange = StreamController.broadcast();

  Stream get onChange => _onChange.stream;
```

```dart
  void change() {

    _onChange.add(null);

  }

}
```

Eventos en Aplicaciones Web

En las aplicaciones web, los eventos se utilizan para crear interfaces de usuario interactivas. Puedes utilizar eventos para responder a clics en botones, enviar formularios, validar datos y actualizar la interfaz de usuario de forma dinámica.

Ejemplo:

```dart
import 'dart:async';

import 'dart:io';

void main() {

  var input = _SimulatedInput();

  input.onChange.listen((event) {

    print('El valor del input cambió a: ${input.value}');

  });

  print("Para simular un cambio, escribe algo en la consola y presiona Enter.");

  stdin.listen((line) {

    input.value = String.fromCharCodes(line).trim();

    input.change();

  });

}

class _SimulatedInput {

  String? value;

  final StreamController _onChange = StreamController.broadcast();

  Stream get onChange => _onChange.stream;

  void change() {

    _onChange.add(null);

  }

}
```

Eventos en Otros Contextos

Los eventos también se utilizan en otros tipos de aplicaciones, como aplicaciones de escritorio y juegos. En estos contextos, los eventos pueden representar acciones del usuario, eventos del sistema o interacciones entre diferentes partes de la aplicación.

Resumen

Los eventos son una parte esencial de la programación interactiva. En Dart, puedes utilizar *listeners* de eventos para responder a las acciones del usuario y crear aplicaciones dinámicas. El método listen() te permite registrar *listeners* para diferentes tipos de eventos, y los manejadores de eventos te permiten procesar la información de los eventos.

Preguntas Teóricas

1. ¿Qué es un evento en la programación?

2. ¿Cómo se registra un *listener* de eventos en Dart?

3. ¿Qué es un manejador de eventos?

4. ¿Cuáles son algunos de los tipos de eventos más comunes en Dart?

5. ¿Cómo se utilizan los eventos en las aplicaciones web?

Ejercicios

1. Crea un programa que muestre un mensaje en la consola cuando el usuario presione la tecla "Enter".

2. Crea un programa con un formulario que tenga dos campos de texto: nombre y correo electrónico. Cuando el usuario envíe el formulario, muestra un mensaje de bienvenida con el nombre del usuario.

3. Crea un programa con un botón que cambie de color cada vez que se hace clic en él.

Capítulo 28 — Tiempo y Fechas

Objetivos

Al finalizar este capítulo, serás capaz de:

- Trabajar con fechas y horas en Dart utilizando la clase DateTime.

- Obtener la fecha y hora actual.

- Crear objetos DateTime para fechas específicas, incluyendo fechas pasadas y futuras.

- Realizar operaciones con fechas, como calcular la diferencia entre dos fechas, sumar o restar tiempo, y formatear fechas.

- Utilizar DateTime en aplicaciones del mundo real, como calendarios, cronómetros y aplicaciones de salud.

- Comprender y aplicar los conceptos de zonas horarias y UTC.

Introducción

El manejo de fechas y horas es una tarea común en la programación. Dart proporciona la clase DateTime para representar fechas y horas. En este capítulo, exploraremos cómo trabajar con la clase DateTime, incluyendo cómo obtener la fecha y hora actual, crear fechas específicas, realizar cálculos con fechas y formatear fechas para su visualización.

Obtener la Fecha y Hora Actual

Para obtener la fecha y hora actual, puedes utilizar el constructor DateTime.now():

Ejemplos:

```
import 'package:intl/intl.dart';

import 'package:intl/date_symbol_data_local.dart';

void main() async {
  // Inicializa la localización para inglés (para el primer
  formato) y español (para el tercero)

  await initializeDateFormatting('en');

  await initializeDateFormatting('es');

  DateTime fechaActual = DateTime.now();
```

```dart
  // Formato día/mes/año (inglés)
  String formatoDiaMesAnioIngles = DateFormat('MM/dd/yyyy',
'en').format(fechaActual);

  print('Fecha (mm/dd/aaaa - inglés): $formatoDiaMesAnioIngles');

  // Formato día/mes/año (con guiones)
  String formatoDiaMesAnioGuiones = DateFormat('dd-MM-
yyyy').format(fechaActual);

  print('Fecha (dd-mm-aaaa): $formatoDiaMesAnioGuiones');

  // Formato "Catorce de febrero del 2025" (español)
  String formatoLiteralEspanol = DateFormat('EEEE d \'de\' MMMM
\'del\' yyyy', 'es').format(fechaActual);

  print('Fecha (literal - español): $formatoLiteralEspanol');
}
```

Crear Fechas Específicas

Puedes crear objetos DateTime para fechas específicas utilizando el constructor `DateTime()`:

```dart
void main() {
  var fecha = DateTime(2025, 12, 25); // 25 de diciembre de 2025
  print(fecha);
}
```

También puedes especificar la hora, minutos, segundos y milisegundos:

```dart
void main() {
  var fechaHora = DateTime(2025, 12, 25, 10, 30, 0);
  print(fechaHora);
}
```

Operaciones con Fechas

Calcular la diferencia entre dos fechas:

```dart
void main() {
  var fecha1 = DateTime(2024, 1, 1);
  var fecha2 = DateTime(2025, 1, 1);
  var diferencia = fecha2.difference(fecha1);
```

```
    print(diferencia.inDays); // Imprime 365
}
Sumar o restar tiempo:
void main() {
    var fecha = DateTime(2025, 2, 10);
    var nuevaFecha = fecha.add(Duration(days: 7)); // Sumar 7 días
    print(nuevaFecha);
}
```

Formatear fechas:

```
import 'package:intl/intl.dart';
void main() {
    var fecha = DateTime.now();
    var formateador = DateFormat('dd/MM/yyyy HH:mm:ss');
    String fechaFormateada = formateador.format(fecha);
    print(fechaFormateada);
}
```

Zonas Horarias y UTC

La clase DateTime puede representar fechas y horas en diferentes zonas horarias. El constructor DateTime.utc() crea un objeto DateTime en tiempo universal coordinado (UTC).

var fechaUTC = DateTime.utc(2024, 1, 1);

Puedes utilizar la librería timezone para trabajar con zonas horarias específicas.

Ejemplos de Aplicaciones

Calcular la edad de una persona:

//Pare este ejemplo necesitas tener descargado el Sdk Flutter y Android Studio.

```
void main() {
    var fechaNacimiento = DateTime(2002, 8, 12);
    var ahora = DateTime.now();
```

```dart
  var diferencia = ahora.difference(fechaNacimiento);

  int edad = diferencia.inDays ~/ 365; // Dividir entre 365 y
obtener la parte entera

  print('La edad es: $edad años');

}
```

Crear un cronómetro:

```dart
import 'dart:async';

void main() {

  var inicio = DateTime.now();

  Timer.periodic(Duration(seconds: 1), (timer) {

    var ahora = DateTime.now();

    var diferencia = ahora.difference(inicio);

    print('Tiempo transcurrido: ${diferencia.inSeconds} segundos');

  });

}
```

Ejemplo: Cronometro con horas, minutos, segundos y milisegundos.

```dart
import 'dart:async';

import 'package:flutter/material.dart';


void main() => runApp(StopwatchApp());

class StopwatchApp extends StatefulWidget {

  @override

  _StopwatchAppState createState() => _StopwatchAppState();

}

class _StopwatchAppState extends State<StopwatchApp> {

  Stopwatch stopwatch = Stopwatch();

  Timer? timer;

  String displayTime = "00:00:00.000";

  @override

  void initState() {

    super.initState();
```

```dart
    _startTimer();
  }

  @override
  void dispose() {
    timer?.cancel();
    super.dispose();
  }


  void _startTimer() {
    timer = Timer.periodic(Duration(milliseconds: 10),
_updateDisplay);
    stopwatch.start();
  }

  void _stopTimer() {
    timer?.cancel();
    stopwatch.stop();
  }

  void _resetTimer() {
    _stopTimer();
    stopwatch.reset();
    displayTime = "00:00:00.000";
    setState(() {}); // Update the display to show initial time
  }

  void _updateDisplay(Timer timer) {
    if (stopwatch.isRunning) {
      _formatTime();
    }
  }

  void _formatTime() {
    int milliseconds = stopwatch.elapsedMilliseconds;
    int seconds = milliseconds ~/ 1000;
```

```
    int minutes = seconds ~/ 60;

    int hours = minutes ~/ 60;

    milliseconds %= 1000;

    seconds %= 60;

    minutes %= 60;

    displayTime =

        '${hours.toString().padLeft(2,
'0')}:${minutes.toString().padLeft(2,
'0')}:${seconds.toString().padLeft(2,
'0')}.${milliseconds.toString().padLeft(3, '0')}';

    setState(() {});

  }

  @override

  Widget build(BuildContext context) {

    return MaterialApp(

      home: Scaffold(

        appBar: AppBar(title: Text('Stopwatch')),

        body: Center(

          child: Column(

            mainAxisAlignment: MainAxisAlignment.center,

            children: <Widget>[

              Text(

                displayTime,

                style: TextStyle(fontSize: 48),

              ),

              Row(

                mainAxisAlignment: MainAxisAlignment.center,

                children: <Widget>[

                  ElevatedButton(

                    onPressed: _startTimer,

                    child: Text('Start'),

                  ),
```

```
                SizedBox(width: 20), // Adds space between the
buttons

                ElevatedButton(

                  onPressed: _stopTimer,

                  child: Text('Stop'),

                ),

                SizedBox(width: 20), // Adds space between the
buttons

                ElevatedButton(

                  onPressed: _resetTimer,

                  child: Text('Reset'),

                ),

              ],

            ),

          ],

        ),

      ),

    );

  }

}
```

Resumen

La clase DateTime en Dart te permite trabajar con fechas y horas de forma eficiente. Puedes obtener la fecha y hora actual, crear fechas específicas, realizar cálculos con fechas, formatear fechas y trabajar con zonas horarias.

Preguntas Teóricas

1. ¿Cómo se obtiene la fecha y hora actual en Dart?

2. ¿Cómo se crea un objeto DateTime para una fecha específica?

3. ¿Cómo se calcula la diferencia entre dos fechas en Dart?

4. ¿Cómo se formatea una fecha en Dart?

5. ¿Qué es UTC y cómo se relaciona con la clase DateTime?

Ejercicios

1. Escribe un programa que calcule la diferencia en días entre dos fechas ingresadas por el usuario.

2. Escribe un programa que muestre la fecha y hora actual en diferentes formatos (por ejemplo, "dd/MM/yyyy", "HH:mm:ss", "EEEE, d MMMM y").

3. Escribe un programa que calcule la fecha de nacimiento de una persona, dada su edad.

4. Crea un temporizador que cuente regresivamente desde un tiempo especificado por el usuario.

5. Crea una alarma que se active a una hora específica ingresada por el usuario.

6. Crea un reloj que muestre la hora actual en París, Tegucigalpa, Nueva York, Los Ángeles y Miami.

Capítulo 29 — Interfaces Múltiples

Objetivos

Al finalizar este capítulo, serás capaz de:

- Comprender el concepto de interfaces múltiples y su utilidad en la programación orientada a objetos.

- Implementar interfaces múltiples en Dart utilizando la palabra clave implements.

- Resolver conflictos de nombres entre miembros de diferentes interfaces.

- Aplicar interfaces múltiples para crear clases más versátiles y reutilizables.

- Reconocer las ventajas y desventajas de la implementación de interfaces múltiples.

Introducción

En Dart, una clase puede implementar múltiples interfaces. Esto permite que una clase herede comportamiento de diferentes interfaces, lo que la hace más versátil y reutilizable. Sin embargo, la implementación de interfaces múltiples puede presentar desafíos, como la resolución de conflictos de nombres cuando dos interfaces tienen miembros con el mismo nombre. En este capítulo, exploraremos la implementación de interfaces múltiples en Dart, incluyendo cómo resolver conflictos de nombres y aplicar esta técnica de forma efectiva.

Implementación de Interfaces Múltiples

Para implementar múltiples interfaces en Dart, se utiliza la palabra clave implements seguida de una lista de interfaces separadas por comas.

Ejemplo:

```
class A {
  void metodoA() {
    print("Método A de la clase A"); // Imprime mensaje
  }
}
class B {
  void metodoB() {
    print("Método B de la clase B"); // Imprime mensaje
```

```
    }
  }
  class C implements A, B {

    @override

    void metodoA() {

      print("Método A de la clase C (implementa A)"); // Imprime
  mensaje

    }

    @override

    void metodoB() {

      print("Método B de la clase C (implementa B)"); // Imprime
  mensaje

    }
  }
  void main() {

    var c = C();

    c.metodoA();

    c.metodoB();
  }
```

En este ejemplo, la clase C implementa las interfaces A y B. Por lo tanto, C debe proporcionar una implementación para los métodos metodoA() y metodoB().

Resolución de Conflictos de Nombres

Si dos interfaces tienen miembros con el mismo nombre, se produce un conflicto de nombres. Para resolver este conflicto, puedes proporcionar una implementación que satisfaga a ambas interfaces, o puedes utilizar la herencia para priorizar una interfaz sobre la otra.

Ejemplo:

```
class A {

  void metodo() {

    print('Método de A');

  }
```

```dart
  }
class B {
  void metodo() {
    print('Método de B');
  }
}
class C implements A, B {
  @override
  void metodo() {
    // Implementación que satisface a ambas interfaces
    print('Método de C');
  }
}
class D extends A implements B {
  @override
  void metodo() {
    // Prioriza la implementación de A
    super.metodo(); // Llama al método de A
  }
}
void main() {
  var c = C();
  c.metodo();
  var d = D();
  d.metodo();
}
//Salida es Método de C
//Método de A
```

Ventajas de las Interfaces Múltiples

- Versatilidad: Permite que una clase herede comportamiento de diferentes interfaces.

- Reutilización de código: Promueve la reutilización de código al combinar funcionalidades de diferentes interfaces.

- Flexibilidad: Permite crear clases que se adapten a diferentes roles y contextos.

Desventajas de las Interfaces Múltiples

- Complejidad: Puede aumentar la complejidad del código si no se manejan correctamente los conflictos de nombres.

- Ambigüedad: Puede generar ambigüedad si dos interfaces definen miembros con el mismo nombre y propósito.

Resumen

La implementación de interfaces múltiples en Dart permite que una clase herede comportamiento de diferentes interfaces. Esto aumenta la versatilidad y la reutilización de código, pero también puede generar conflictos de nombres que deben ser resueltos. Es importante utilizar las interfaces múltiples con cuidado para evitar la complejidad y la ambigüedad en el código.

Preguntas Teóricas

1. ¿Qué son las interfaces múltiples?

2. ¿Cómo se implementan interfaces múltiples en Dart?

3. ¿Cómo se resuelven los conflictos de nombres entre interfaces?

4. ¿Cuáles son las ventajas y desventajas de la implementación de interfaces múltiples?

Ejercicios

1. Crea dos interfaces, Nadador y Volador, con los métodos nadar() y volar() respectivamente.

2. Crea una clase Pato que implemente ambas interfaces.

3. Crea una clase Avion que implemente la interfaz Volador y tenga un método aterrizar().

4. Crea una función que reciba un objeto de tipo Volador como parámetro y llame al método volar(). Luego, llama a esta función con un objeto de tipo Pato y un objeto de tipo Avion.

Capítulo 30 — Concurrencia con Isolates

Objetivos

Al finalizar este capítulo, serás capaz de:

- Comprender el concepto de concurrencia y su importancia en el desarrollo de aplicaciones de alto rendimiento.

- Diferenciar entre concurrencia y paralelismo.

- Entender cómo Dart implementa la concurrencia utilizando isolates.

- Crear y gestionar isolates en tus aplicaciones Dart.

- Comunicar isolates utilizando puertos y mensajes.

- Aplicar isolates para resolver problemas que requieren procesamiento en paralelo.

- Reconocer las ventajas de utilizar isolates en Dart.

Introducción

La concurrencia es la capacidad de un programa para ejecutar múltiples tareas a la vez. Esto puede mejorar significativamente el rendimiento y la capacidad de respuesta de las aplicaciones, especialmente en sistemas con múltiples núcleos de procesamiento. Dart implementa la concurrencia utilizando isolates, que son unidades de ejecución independientes con su propia memoria y un único hilo de ejecución. En este capítulo, exploraremos cómo trabajar con isolates en Dart para crear aplicaciones concurrentes.

Concurrencia vs. Paralelismo

Es importante distinguir entre concurrencia y paralelismo:

- Concurrencia: Se refiere a la capacidad de un programa para manejar múltiples tareas a la vez. Las tareas pueden ejecutarse en un solo núcleo de procesamiento, alternando entre ellas.

- Paralelismo: Se refiere a la capacidad de un programa para ejecutar múltiples tareas simultáneamente en diferentes núcleos de procesamiento.

Los isolates en Dart permiten la concurrencia, y si el sistema tiene múltiples núcleos, también pueden lograr el paralelismo.

Isolates en Dart

Un isolate es una unidad de ejecución independiente que tiene su propia memoria y un único hilo de ejecución. Los isolates no comparten memoria entre sí, lo que evita problemas de concurrencia como las condiciones de carrera y los bloqueos mutuos. La comunicación entre isolates se realiza a través de mensajes.

Creando Isolates

Puedes crear un nuevo isolate utilizando el método Isolate.spawn(). Este método recibe dos argumentos:

- Una función que se ejecutará en el nuevo isolate.

- Un argumento que se pasará a la función.

```
Ejemplo:

import 'package:flutter/foundation.dart';

Future<int> calcularAlgoComplejo(dynamic _) async { // Añade un
parámetro, aunque no se use

  int resultado = 0;

  for (int i = 0; i < 1000000; i++) {

    resultado += i;

  }

  return resultado;

}

void main() async {

  final resultado = await compute(calcularAlgoComplejo, null);

  print('Resultado del cálculo: $resultado');

}
```

Comunicación entre Isolates

La comunicación entre isolates se realiza a través de puertos y mensajes.

- SendPort: Se utiliza para enviar mensajes a un isolate.

- ReceivePort: Se utiliza para recibir mensajes de un isolate.

En el ejemplo anterior, el isolate principal crea un ReceivePort y pasa su SendPort al nuevo isolate. El nuevo isolate utiliza el SendPort para enviar el resultado del cálculo al isolate principal.

Ventajas de Utilizar Isolates

- Prevención de bloqueos: Las operaciones que consumen tiempo en un isolate no bloquean la ejecución del isolate principal.

- Mejor rendimiento: Permite aprovechar al máximo los procesadores multinúcleo.

- Seguridad: La separación de memoria entre isolates evita problemas de concurrencia.

Resumen

La concurrencia es esencial para el desarrollo de aplicaciones de alto rendimiento. Dart utiliza isolates para implementar la concurrencia, permitiendo que las tareas se ejecuten en paralelo sin compartir memoria. La comunicación entre isolates se realiza a través de mensajes. Los isolates ofrecen ventajas como la prevención de bloqueos, mejor rendimiento y seguridad.

Preguntas Teóricas

1. ¿Qué es la concurrencia y para qué se utiliza?

2. ¿Cuál es la diferencia entre concurrencia y paralelismo?

3. ¿Cómo implementa Dart la concurrencia?

4. ¿Qué es un isolate?

5. ¿Cómo se comunican los isolates entre sí?

6. ¿Cuáles son las ventajas de utilizar isolates en Dart?

Ejercicios

1. Crea un programa que ejecute una tarea que consume tiempo en un isolate, como calcular el factorial de un número grande.

2. Crea un programa que utilice isolates para procesar una lista de datos en paralelo.

3. Investiga sobre la función compute() en Dart y cómo se utiliza para simplificar el trabajo con isolates.

Capítulo 31 — Configurando el IDE para Flutter

Objetivos

Al finalizar este capítulo, serás capaz de:

• Instalar y configurar Android Studio, el IDE principal para el desarrollo de aplicaciones Flutter.

• Instalar el Java Development Kit (JDK), necesario para ejecutar Android Studio.

• Configurar las variables de entorno JAVA_HOME y ANDROID_HOME para un correcto funcionamiento del entorno de desarrollo.

• Comprender la importancia de cada componente en el proceso de desarrollo de aplicaciones Flutter.

Introducción

Antes de comenzar a desarrollar aplicaciones con Flutter, es esencial configurar un entorno de desarrollo adecuado. Este proceso implica instalar las herramientas necesarias, configurar variables de entorno y familiarizarse con el entorno de desarrollo integrado (IDE). En este capítulo, te guiaremos paso a paso a través de la configuración del entorno de desarrollo para Flutter, utilizando Android Studio como IDE principal.

Instalando Android Studio

Android Studio es el IDE oficial para el desarrollo de aplicaciones Android, y también es el IDE recomendado para Flutter. Proporciona un conjunto completo de herramientas para el desarrollo, la depuración y la creación de aplicaciones.

1. Descarga Android Studio:

    o   Visita la página oficial de Android Developers para descargar la última versión de Android Studio. Asegúrate de seleccionar la versión correcta para tu sistema operativo (Windows, macOS o Linux).

2. Instalación:

    o   Ejecuta el instalador de Android Studio y sigue las instrucciones en pantalla. Puedes aceptar las opciones predeterminadas durante la instalación.

    o   Toma nota de la ubicación donde se instala Android Studio, ya que necesitarás esta información más adelante.

3. Configuración inicial:

- o Al iniciar Android Studio por primera vez, se te pedirá que configures algunas opciones, como el tema de la interfaz y los componentes del SDK que deseas instalar. Puedes aceptar las opciones predeterminadas o personalizarlas según tus preferencias.

Instalando el JDK de Java

El Java Development Kit (JDK) es necesario para ejecutar Android Studio. Asegúrate de tener una versión compatible instalada en tu sistema.

1. Descarga el JDK:

- o Visita la página oficial de Oracle para descargar el JDK. Selecciona la versión adecuada para tu sistema operativo.

Java JDK download page

2. Instalación:

- o Ejecuta el instalador del JDK y sigue las instrucciones en pantalla.

Configurando las Variables de Entorno

Las variables de entorno son variables que contienen información utilizada por el sistema operativo y las aplicaciones. En el contexto del desarrollo de Flutter, es necesario configurar las siguientes variables de entorno:

- JAVA_HOME: Esta variable debe apuntar al directorio de instalación del JDK.

- ANDROID_HOME: Esta variable debe apuntar al directorio de instalación del SDK de Android. Por lo general, el SDK se instala dentro del directorio de Android Studio.

Pasos para configurar las variables de entorno:

1. Abre la configuración de variables de entorno de tu sistema operativo.

2. Crea una nueva variable de entorno llamada JAVA_HOME y establece su valor como la ruta al directorio de instalación del JDK.

JAVA_HOME environment variable configuration

3. Crea una nueva variable de entorno llamada ANDROID_HOME y establece su valor como la ruta al directorio de instalación del SDK de Android.

ANDROID_HOME environment variable configuration

Ejemplo:

Si instalaste el JDK en C:\Program Files\Java\jdk-17, la variable JAVA_HOME debería ser:

JAVA_HOME=C:\Program Files\Java\jdk-17

Si el SDK de Android está en C:\Program Files\Android\Android Studio\sdk, la variable ANDROID_HOME debería ser:

ANDROID_HOME=C:\Program Files\Android\Android Studio\sdk

Resumen

En este capítulo, has aprendido a instalar y configurar Android Studio y el JDK de Java, así como a configurar las variables de entorno JAVA_HOME y ANDROID_HOME. Con esto, has dado el primer paso para crear tu entorno de desarrollo para Flutter. En el próximo capítulo, exploraremos Flutter con más detalle y aprenderemos a crear nuestro primer proyecto.

Capítulo 32 — Introducción a Flutter

Objetivos

Al finalizar este capítulo, serás capaz de:

- Comprender qué es Flutter y sus ventajas para el desarrollo de aplicaciones móviles.

- Conocer el concepto de widgets como elementos fundamentales de la interfaz de usuario en Flutter.

- Identificar algunas de las características clave de Flutter, como Hot Reload.

- Comprender la arquitectura de Flutter y cómo se construyen las aplicaciones.

Introducción

Flutter es un SDK de código abierto desarrollado por Google para crear aplicaciones móviles multiplataforma de alto rendimiento, con interfaces de usuario atractivas y una experiencia de usuario nativa. En este capítulo, exploraremos los conceptos básicos de Flutter, sus ventajas, la importancia de los widgets y las características que lo hacen una opción popular para el desarrollo de aplicaciones móviles.

¿Qué es Flutter?

Flutter es un SDK que te permite crear aplicaciones nativas compiladas para dispositivos móviles, web y escritorio a partir de una única base de código. Utiliza el lenguaje de programación Dart y se caracteriza por su enfoque declarativo para la construcción de interfaces de usuario.

Ventajas de usar Flutter:

- Desarrollo multiplataforma: Escribe el código una vez y ejecútalo en diferentes plataformas (Android, iOS, web, etc.).

- Rendimiento nativo: Las aplicaciones Flutter se compilan a código nativo, lo que garantiza un alto rendimiento y una experiencia de usuario fluida.

- Interfaz de usuario atractiva: Flutter ofrece un conjunto rico de widgets personalizables para crear interfaces de usuario atractivas y modernas.

- Desarrollo rápido: La función Hot Reload permite a los desarrolladores ver los cambios en el código reflejados instantáneamente en la aplicación, acelerando el ciclo de desarrollo.

- Comunidad activa: Flutter cuenta con una comunidad grande y activa que proporciona soporte, recursos y una amplia gama de paquetes.

Widgets en Flutter

En Flutter, todo es un widget. Los widgets son los bloques de construcción de la interfaz de usuario. Puedes combinar widgets para crear diseños complejos y personalizados.

Ejemplos de widgets:

- Text: Muestra texto en la pantalla.

- Image: Muestra una imagen.

- Button: Crea un botón interactivo.

- Container: Un contenedor para otros widgets.

- Row y Column: Organizan widgets en filas y columnas.

Flutter ofrece una amplia variedad de widgets preconstruidos, y también puedes crear tus propios widgets personalizados.

Flutter widget tree

Características de Flutter

- Hot Reload: Permite a los desarrolladores ver los cambios en el código reflejados instantáneamente en la aplicación, sin necesidad de reiniciar la aplicación o perder el estado actual.

- Widgets preconstruidos: Flutter ofrece una gran cantidad de widgets preconstruidos para crear interfaces de usuario atractivas y funcionales.

- Herramientas de desarrollo: Flutter proporciona herramientas de desarrollo robustas, como el depurador y el inspector de widgets, para facilitar el proceso de desarrollo.

Resumen

Flutter es un SDK de código abierto para el desarrollo de aplicaciones móviles multiplataforma. Se caracteriza por su rendimiento nativo, su interfaz de usuario atractiva y su desarrollo rápido gracias a la función Hot Reload. Los widgets son los bloques de construcción de la interfaz de usuario en Flutter. En el próximo capítulo, aprenderemos a instalar Flutter y crear nuestro primer proyecto.

Capítulo 33 — Instalando Flutter y Configurando el IDE

Objetivos

Al finalizar este capítulo, serás capaz de:

- Descargar e instalar el SDK de Flutter en tu sistema.

- Instalar los plugins de Flutter y Dart en Android Studio.

- Verificar la correcta instalación de Flutter con el comando flutter doctor.

- Resolver posibles problemas de configuración en tu entorno de desarrollo.

Introducción

Con Android Studio y el JDK de Java instalados, es hora de instalar Flutter y configurar Android Studio para el desarrollo de aplicaciones Flutter. En este capítulo, te guiaremos a través de los pasos necesarios para instalar el SDK de Flutter, configurar los plugins en Android Studio y verificar que todo esté funcionando correctamente.

Instalando Flutter

1. Descarga el SDK de Flutter:

    o Visita la página oficial de Flutter y descarga el SDK para tu sistema operativo.

2. Extrae el SDK:

    o Extrae el archivo zip del SDK de Flutter en una ubicación de tu elección. Se recomienda extraerlo directamente en la raíz del disco (C:\ en Windows), para evitar posibles problemas de permisos.

3. Configura la variable de entorno PATH (opcional):

    o Para acceder al comando flutter desde cualquier ubicación en la terminal, puedes agregar la ruta al directorio bin del SDK de Flutter a la variable de entorno PATH.

Instalando los Plugins de Flutter y Dart en Android Studio

1. Abre Android Studio:

    o Inicia Android Studio.

2. Accede a la configuración de plugins:

   o   Ve a File > Settings > Plugins.

3. Instala los plugins:

   o   Busca e instala los plugins "Flutter" y "Dart".

   Flutter and Dart plugins in Android Studio

   o   Reinicia Android Studio para que los cambios surtan efecto.

   Verificando la Instalación con flutter doctor

1. Abre la terminal:

   o   Abre la terminal o línea de comandos.

2. Ejecuta el comando flutter doctor:

   o   Escribe flutter doctor y presiona Enter. Este comando realizará una serie de comprobaciones para verificar que Flutter esté correctamente instalado y configurado.

3. Revisa el resultado:

   o   El comando flutter doctor mostrará un informe con el estado de la instalación. Si hay algún problema, el informe te indicará cómo solucionarlo.

Resumen

En este capítulo, has instalado el SDK de Flutter, configurado los plugins de Flutter y Dart en Android Studio, y verificado la instalación con el comando flutter doctor. Ahora estás listo para crear tu primer proyecto en Flutter.

Preguntas Teóricas

1. ¿Por qué es necesario instalar el SDK de Flutter?

2. ¿Qué función cumplen los plugins de Flutter y Dart en Android Studio?

3. ¿Para qué sirve el comando flutter doctor?

Ejercicios

1. Intenta ejecutar el comando flutter --version en la terminal. ¿Qué información muestra?

2. Investiga las diferentes opciones que ofrece el comando flutter doctor.

3. Si el comando flutter doctor reporta algún problema, busca información sobre cómo solucionarlo.

Capítulo 34 — Primer Proyecto en Flutter

Objetivos

Al finalizar este capítulo, serás capaz de:

- Crear un nuevo proyecto en Flutter utilizando Android Studio.

- Comprender la estructura básica de un proyecto Flutter.

- Ejecutar la aplicación de ejemplo y utilizar la función Hot Reload.

- Realizar cambios en el código y observar los resultados en la aplicación.

Introducción

Ahora que tienes el entorno de desarrollo configurado, es hora de crear tu primer proyecto en Flutter. En este capítulo, te guiaremos a través de los pasos para crear un nuevo proyecto, explorar la estructura del proyecto y ejecutar la aplicación de ejemplo.

Creando un Proyecto en Flutter

1. Abre Android Studio:

   o   Inicia Android Studio.

2. Crea un nuevo proyecto:

   o   Selecciona Start a new Flutter project.

creating a new Flutter project in Android Studio

3. Configura el proyecto:

   o   Elige "Flutter Application" como tipo de proyecto.

   o   Ingresa un nombre para tu proyecto (por ejemplo, "mi_primera_app").

   o   Selecciona la ubicación donde quieres guardar el proyecto.

   o   Haz clic en "Finish".

Estructura del Proyecto

Un proyecto Flutter tiene la siguiente estructura básica:

- android: Contiene el código específico para la plataforma Android.

- ios: Contiene el código específico para la plataforma iOS.

- lib: Contiene el código fuente principal de tu aplicación Dart.

- pubspec.yaml: Es el archivo de configuración del proyecto, donde se definen las dependencias, los recursos y otros metadatos.

  Ejecutando la Aplicación de Ejemplo

1. Selecciona un dispositivo:

   o En la barra de herramientas, selecciona un dispositivo o emulador para ejecutar la aplicación.

2. Ejecuta la aplicación:

   o Haz clic en el botón "Run" (el icono de la flecha verde).

Flutter creará la aplicación y la ejecutará en el dispositivo seleccionado. La aplicación de ejemplo es un contador simple que puedes incrementar pulsando un botón.

Utilizando Hot Reload

1. Realiza un cambio en el código:

   o Por ejemplo, modifica el texto del botón en el archivo lib/main.dart.

2. Guarda los cambios:

   o Guarda el archivo main.dart.

3. Aplica Hot Reload:

   o Haz clic en el botón "Hot Reload" (el icono del rayo).

Flutter actualizará la aplicación en el dispositivo con los cambios que realizaste, sin necesidad de reiniciar la aplicación.

Resumen

En este capítulo, has creado tu primer proyecto en Flutter, explorado la estructura del proyecto y ejecutado la aplicación de ejemplo. También has aprendido a utilizar la función Hot Reload para ver los cambios en el código de forma instantánea. Ahora estás listo para comenzar a construir tus propias aplicaciones Flutter.

Preguntas Teóricas

1. ¿Qué es un proyecto Flutter?

2. ¿Cuáles son las partes principales de un proyecto Flutter?

3. ¿Cómo se ejecuta una aplicación Flutter?

Ejercicios

1. Modifica el código de la aplicación de ejemplo para cambiar el color del botón.

2. Agrega un nuevo widget Text a la aplicación.

3. Experimenta con diferentes widgets y layouts en Flutter.

Capítulo 35 — Ejecutando tu Proyecto en Flutter

Objetivos

Al finalizar este capítulo, serás capaz de:

- Ejecutar tu aplicación Flutter en un emulador de dispositivo o en un dispositivo físico.

- Utilizar el AVD Manager para crear y gestionar emuladores de dispositivos Android.

- Conectar un dispositivo físico a tu computadora para ejecutar la aplicación.

- Comprender las diferentes opciones para probar y depurar aplicaciones Flutter.

Introducción

Una vez que has creado tu proyecto en Flutter, es hora de ejecutarlo y ver cómo se ve en acción. Flutter te ofrece la flexibilidad de ejecutar tu aplicación en un emulador de dispositivo o en un dispositivo físico. En este capítulo, exploraremos las diferentes opciones para ejecutar tu aplicación y cómo utilizar las herramientas de Flutter para probarla y depurarla.

Ejecutando la Aplicación en un Emulador

Un emulador de dispositivo te permite simular un dispositivo Android o iOS en tu computadora. Esto es útil para probar tu aplicación en diferentes configuraciones de dispositivos sin necesidad de tener un dispositivo físico para cada una.

Utilizando el AVD Manager:

Android Studio incluye el AVD Manager (Android Virtual Device Manager), que te permite crear y gestionar emuladores de dispositivos Android.

1. Abre el AVD Manager:

   o En Android Studio, ve a Tools > AVD Manager.

2. Crea un nuevo dispositivo virtual:

   o Haz clic en Create Virtual Device.

   o Selecciona un dispositivo de la lista y haz clic en Next.

   o Elige una imagen de sistema (system image) para el dispositivo y haz clic en Next.

- o Configura las opciones del emulador, como el nombre, la orientación y la memoria RAM.

- o Haz clic en Finish.

3. Inicia el emulador:

- o Selecciona el dispositivo virtual que creaste y haz clic en Launch.

Ejecutando la aplicación en el emulador:

1. Selecciona el emulador:

- o En la barra de herramientas de Android Studio, selecciona el emulador que iniciaste.

2. Ejecuta la aplicación:

- o Haz clic en el botón "Run".

Flutter instalará y ejecutará la aplicación en el emulador.

Ejecutando la Aplicación en un Dispositivo Físico

También puedes ejecutar tu aplicación en un dispositivo físico Android o iOS.

Conectando un dispositivo Android:

1. Habilita la depuración USB:

- o En tu dispositivo Android, ve a Ajustes > Opciones de desarrollador y habilita la depuración USB.

2. Conecta el dispositivo a la computadora:

- o Conecta tu dispositivo Android a la computadora mediante un cable USB.

3. Selecciona el dispositivo:

- o En la barra de herramientas de Android Studio, selecciona tu dispositivo.

4. Ejecuta la aplicación:

- o Haz clic en el botón "Run".

Conectando un dispositivo iOS:

1. Instala Xcode:

- o Descarga e instala Xcode desde la Mac App Store.

2. Configura tu dispositivo:

   o Conecta tu dispositivo iOS a la computadora.

   o Abre Xcode y configura tu dispositivo para el desarrollo.

3. Ejecuta la aplicación:

   o En la barra de herramientas de Android Studio, selecciona tu dispositivo iOS.

   o Haz clic en el botón "Run".

Resumen

En este capítulo, has aprendido a ejecutar tu aplicación Flutter en un emulador de dispositivo o en un dispositivo físico. Utilizando el AVD Manager, puedes crear y gestionar emuladores de dispositivos Android. También puedes conectar un dispositivo físico a tu computadora para ejecutar la aplicación. Flutter te ofrece la flexibilidad de probar y depurar tu aplicación en diferentes entornos.

Preguntas Teóricas

1. ¿Cuáles son las ventajas de utilizar un emulador de dispositivo para probar aplicaciones Flutter?

2. ¿Cómo se crea un nuevo emulador de dispositivo Android?

3. ¿Cómo se conecta un dispositivo físico a la computadora para ejecutar una aplicación Flutter?

Ejercicios

1. Crea un nuevo emulador de dispositivo Android utilizando el AVD Manager.

2. Ejecuta la aplicación de ejemplo en el emulador que creaste.

3. Conecta un dispositivo físico a tu computadora y ejecuta la aplicación en el dispositivo.

Capítulo 36 — Bases de Datos

Objetivos

Al finalizar este capítulo, serás capaz de:

- Comprender la importancia de las bases de datos en las aplicaciones.

- Conocer los diferentes tipos de bases de datos.

- Utilizar el paquete sqflite para interactuar con bases de datos SQLite en Dart.

- Realizar operaciones básicas de bases de datos: crear tablas, insertar, actualizar y eliminar datos.

- Implementar consultas SQL para recuperar datos de la base de datos.

Introducción

Las bases de datos son fundamentales para almacenar y gestionar datos de forma persistente en las aplicaciones. Permiten organizar la información, acceder a ella de forma eficiente y mantener la integridad de los datos. En este capítulo, exploraremos cómo trabajar con bases de datos en Dart, utilizando SQLite como ejemplo y el paquete sqflite para interactuar con la base de datos.

Tipos de Bases de Datos

Existen diferentes tipos de bases de datos, cada una con sus características y usos:

- Bases de datos relacionales: Almacenan datos en tablas con filas y columnas, y las relaciones entre las tablas se definen mediante claves. Ejemplos: SQLite, MySQL, PostgreSQL.

- Bases de datos NoSQL: Utilizan diferentes modelos de datos, como documentos, grafos o clave-valor. Ejemplos: MongoDB, Cassandra, Redis.

- Bases de datos en la nube: Se alojan en la nube y ofrecen servicios de gestión de datos, escalabilidad y seguridad. Ejemplos: Firebase, AWS DynamoDB.

SQLite

SQLite es una base de datos relacional embebida, lo que significa que se almacena en un único archivo y no requiere un servidor separado. Es ideal para aplicaciones móviles y dispositivos con recursos limitados debido a su pequeño tamaño y eficiencia.

El Paquete sqflite

El paquete sqflite proporciona una API para interactuar con bases de datos SQLite en Dart. Para utilizarlo, debes agregarlo como dependencia en tu archivo pubspec.yaml:

YAML

dependencies:

  sqflite: ^2.0.2 // O la versión más reciente

Luego, puedes importarlo en tu código:

import 'package:sqflite/sqflite.dart';

Operaciones Básicas con sqflite

Abrir una Conexión

Para abrir una conexión a la base de datos, utiliza el método openDatabase():

```
var db = await openDatabase('mi_base_de_datos.db');
Crear una Tabla
await db.execute(
    'CREATE TABLE usuarios (id INTEGER PRIMARY KEY, nombre TEXT,
edad INTEGER)');
Insertar Datos
await db.insert('usuarios', {'nombre': 'Elsa', 'edad': 30});
Actualizar Datos
await db.update('usuarios', {'edad': 31}, where: 'id = ?',
whereArgs: [1]);
Eliminar Datos
await db.delete('usuarios', where: 'id = ?', whereArgs: [1]);
Consultar Datos
List<Map> usuarios = await db.query('usuarios');
for (var usuario in usuarios) {
  print('Nombre: ${usuario['nombre']}, Edad: ${usuario['edad']}');
}
```

Ejemplo Completo

```dart
import 'package:flutter/material.dart'; // Importa material para
usar runApp

import 'package:sqflite/sqflite.dart';

void main() async {

  WidgetsFlutterBinding.ensureInitialized(); // Importante para
sqflite

  var db = await openDatabase('mi_base_de_datos.db');

  await db.execute(

      'CREATE TABLE IF NOT EXISTS usuarios (id INTEGER PRIMARY KEY,
nombre TEXT, edad INTEGER)'); // IF NOT EXISTS


  await db.insert('usuarios', {'nombre': 'Yessy Carolina', 'edad':
30});

  await db.insert('usuarios', {'nombre': 'Ayalita', 'edad': 25});

  List<Map> usuarios = await db.query('usuarios');

  print('Usuarios:');

  for (var usuario in usuarios) {

    print(' - Nombre: ${usuario['nombre']}, Edad:
${usuario['edad']}');

  }

  await db.update('usuarios', {'edad': 31}, where: 'nombre = ?',
whereArgs: ['Sagrario']);

  await db.delete('usuarios', where: 'id = ?', whereArgs: [1]); //
Asegúrate de que el ID exista

  await db.close();

  runApp(MyApp()); // Ejecuta la app

}

class MyApp extends StatelessWidget { // Widget básico para Flutter

  @override

  Widget build(BuildContext context) {

    return MaterialApp(

      home: Scaffold(

        appBar: AppBar(title: Text('SQFlite Demo')),
```

```
      body: Center(child: Text('Datos impresos en la consola')),
    ),
  );
 }
}
```

Para ejecutar este código, necesitas un entorno que te permita acceder al sistema de archivos, como una aplicación Flutter real (en un emulador o dispositivo físico) o un entorno de escritorio con Dart.

Aquí te indico los pasos para ejecutar este código en un entorno Flutter:

1. **Asegúrate de tener Flutter instalado:** Si aún no tienes Flutter instalado, sigue las instrucciones en la documentación oficial: https://flutter.dev/docs/get-started/install

2. **Crea un nuevo proyecto Flutter:** Abre una terminal y ejecuta:

Bash

```bash
flutter create mi_app_sqflite
cd mi_app_sqflite
```

3. **Agrega la dependencia sqflite:** Abre el archivo pubspec.yaml y agrega la siguiente línea dentro de dependencies:

YAML

dependencies:

 sqflite: ^2.0.0 # Usa la versión más reciente

Luego, ejecuta flutter pub get en la terminal para descargar el paquete.

4. **Reemplaza el código en main.dart:** Abre el archivo lib/main.dart y reemplaza su contenido con el código que has proporcionado. Aquí te dejo una versión adaptada para Flutter:

```dart
import 'package:flutter/material.dart'; // Importa material para usar runApp

import 'package:sqflite/sqflite.dart';

void main() async {

 WidgetsFlutterBinding.ensureInitialized(); // Importante para sqflite

  var db = await openDatabase('mi_base_de_datos.db');
```

```dart
  await db.execute(

    'CREATE TABLE IF NOT EXISTS usuarios (id INTEGER PRIMARY KEY,
nombre TEXT, edad INTEGER)'); // IF NOT EXISTS

  await db.insert('usuarios', {'nombre': 'Dayri', 'edad': 30});

  await db.insert('usuarios', {'nombre': 'Tulio, 'edad': 25});

  List<Map> usuarios = await db.query('usuarios');

  print('Usuarios:');

  for (var usuario in usuarios) {

    print(' - Nombre: ${usuario['nombre']}, Edad:
${usuario['edad']}');

  }

  await db.update('usuarios', {'edad': 31}, where: 'nombre = ?',
whereArgs: ['Mina']);

  await db.delete('usuarios', where: 'id = ?', whereArgs: [1]); //
Asegúrate de que el ID exista

  await db.close();

  runApp(MyApp()); // Ejecuta la app

}

class MyApp extends StatelessWidget { // Widget básico para Flutter

  @override

  Widget build(BuildContext context) {

    return MaterialApp(

      home: Scaffold(

        appBar: AppBar(title: Text('SQFlite Demo')),

        body: Center(child: Text('Datos impresos en la consola')),

      ),

    );

  }

}
```

Resumen

En este capítulo, has aprendido a trabajar con bases de datos SQLite en Dart
utilizando el paquete sqflite. Puedes realizar operaciones básicas como crear tablas,

insertar, actualizar, eliminar y consultar datos. Las bases de datos son esenciales para el desarrollo de aplicaciones que necesitan almacenar y gestionar datos de forma persistente.

Preguntas Teóricas

1. ¿Qué es una base de datos y por qué son importantes en las aplicaciones?

2. ¿Cuáles son las ventajas de utilizar SQLite en aplicaciones móviles?

3. ¿Cómo se abre una conexión a una base de datos SQLite en Dart?

4. ¿Qué métodos se utilizan para realizar operaciones básicas en una base de datos SQLite con sqflite?

Ejercicios

1. Crea una base de datos SQLite y una tabla para almacenar información sobre productos (nombre, descripción, precio).

2. Inserta algunos productos en la tabla.

3. Consulta la tabla y muestra la información de todos los productos que cuestan más de $10.

4. Actualiza el precio de un producto específico.

5. Elimina un producto de la tabla.

Capítulo 37 — Control de Flujo Avanzado

Objetivos

Al finalizar este capítulo, serás capaz de:

- Utilizar la sentencia switch para manejar múltiples condiciones de forma eficiente.

- Anidar estructuras condicionales y bucles para crear lógicas más complejas.

- Aplicar técnicas de control de flujo en ejemplos del mundo real.

Introducción

En este capítulo, profundizaremos en el control de flujo en Dart, explorando técnicas más avanzadas para dirigir la ejecución de tu programa. Aprenderás a utilizar la sentencia switch, anidar estructuras condicionales y bucles, y aplicar estas técnicas en ejemplos prácticos.

La Sentencia switch

La sentencia switch proporciona una forma concisa de evaluar una expresión y ejecutar diferentes bloques de código en función de su valor. Es especialmente útil cuando tienes múltiples condiciones que evaluar.

```
Sintaxis:
switch (expresión) {
  case valor1:
    // Código a ejecutar si la expresión es igual a valor1
    break;
  case valor2:
    // Código a ejecutar si la expresión es igual a valor2
    break;
  default:
    // Código a ejecutar si la expresión no coincide con ningún caso
}
Ejemplo:
void main() {
  var dia = 'lunes';
```

```
switch (dia) {

  case 'lunes':

    print('Hoy es lunes.');

    break;

  case 'martes':

    print('Hoy es martes.');

    break;

  case 'miércoles':

    print('Hoy es miércoles.');

    break;

  default:

    print('Hoy es otro día de la semana.');

  }

}
```

Puntos clave:

• La palabra clave break es importante para evitar que la ejecución continúe en el siguiente case.

• El case default es opcional y se ejecuta si la expresión no coincide con ningún case.

Anidamiento de Estructuras Condicionales y Bucles

Puedes anidar estructuras condicionales (if-else) y bucles (for, while) para crear lógicas más complejas en tu programa.

Ejemplo:

```
void main() {

  for (int i = 1; i <= 5; i++) {

    if (i % 2 == 0) {

      print('$i es par');

    } else {

      print('$i es impar');

    }

  }

}
```

Ejemplos del Mundo Real

Las estructuras de control de flujo se utilizan en una amplia variedad de aplicaciones, como:

- Validación de datos: Verificar si los datos ingresados por el usuario cumplen con ciertos criterios.

- Control de acceso: Determinar si un usuario tiene permiso para acceder a un recurso.

- Juegos: Controlar la lógica del juego, como las acciones del jugador y las respuestas del entorno.

- Aplicaciones de inteligencia artificial: Implementar algoritmos de toma de decisiones.

Resumen

En este capítulo, has aprendido a utilizar la sentencia switch, anidar estructuras condicionales y bucles, y aplicar estas técnicas en ejemplos del mundo real. Dominar el control de flujo te permitirá escribir programas más complejos y sofisticados.

Preguntas Teóricas

1. ¿Cuál es la diferencia entre una sentencia if-else y una sentencia switch?

2. ¿Cuándo es más apropiado utilizar una sentencia switch?

3. ¿Qué significa anidar estructuras condicionales?

4. ¿Cómo se pueden utilizar las estructuras de control de flujo para crear programas más complejos?

Ejercicios

5. Escribe un programa que utilice una sentencia switch para determinar el número de días en un mes dado.

6. Escribe un programa que imprima un patrón de triángulo utilizando bucles anidados.

7. Crea un juego simple, como "Adivina el número", que utilice estructuras condicionales y bucles.

Capítulo 38 — Colecciones Avanzadas en Dart

Objetivos

Al finalizar este capítulo, serás capaz de:

- Utilizar colas (Queue) para gestionar datos en orden FIFO.

- Utilizar pilas (Stack) para gestionar datos en orden LIFO.

- Utilizar conjuntos (Set) para almacenar elementos únicos.

- Aplicar operaciones y métodos avanzados para trabajar con colecciones.

Introducción

En este capítulo, exploraremos colecciones más avanzadas en Dart, que te permiten almacenar y manipular datos de formas más especializadas. Aprenderás sobre colas, pilas y conjuntos, y cómo utilizarlos en diferentes situaciones.

Colas (Queue)

Una cola es una estructura de datos que sigue el principio FIFO (First-In, First-Out), es decir, el primer elemento que se agrega es el primero que se elimina. Las colas son útiles para gestionar tareas, solicitudes de red, o cualquier situación donde el orden de procesamiento sea importante.

Ejemplo:

```dart
import 'dart:collection';
void main() {
  Queue<String> cola = Queue();
  cola.add('Primero');
  cola.add('Segundo');
  cola.add('Tercero');
  print(cola); // Imprime: {Primero, Segundo, Tercero}
  print(cola.removeFirst()); // Imprime: Primero
  print(cola); // Imprime: {Segundo, Tercero}
}
```

Pilas (Stack)

Una pila es una estructura de datos que sigue el principio LIFO (Last-In, First-Out), es decir, el último elemento que se agrega es el primero que se elimina. Las pilas son útiles para implementar algoritmos como la búsqueda en profundidad, el análisis sintáctico de expresiones o el seguimiento de llamadas a funciones.

Ejemplo:

```
void main() {
  List<int> pila = [];
  pila.add(1);
  pila.add(2);
  pila.add(3);
  print(pila); // Imprime: [1, 2, 3]
  print(pila.removeLast()); // Imprime: 3
  print(pila); // Imprime: [1, 2]
}
```

Conjuntos (Set)

Un conjunto es una colección de elementos únicos, sin un orden específico. Los conjuntos son útiles para eliminar duplicados de una lista o para realizar operaciones de conjuntos como la unión, la intersección y la diferencia.

Ejemplo:

```
void main() {
  Set<String> conjunto = {'manzana', 'banana', 'naranja'};
  conjunto.add('manzana'); // No se agrega, ya que "manzana" ya existe
  print(conjunto); // Imprime: {manzana, banana, naranja}
}
```

Operaciones y Métodos Avanzados

Las colecciones en Dart ofrecen una variedad de operaciones y métodos avanzados para manipular datos, como:

- map(): Transforma los elementos de una colección.
- where(): Filtra los elementos de una colección.

- reduce(): Combina los elementos de una colección en un solo valor.

- forEach(): Itera sobre los elementos de una colección y aplica una función a cada elemento.

- every(): Verifica si todos los elementos de una colección cumplen con una condición.

- any(): Verifica si al menos un elemento de una colección cumple con una condición.

Resumen

En este capítulo, has aprendido sobre colas, pilas y conjuntos, así como algunas operaciones y métodos avanzados para trabajar con colecciones en Dart. Estas estructuras de datos te permiten gestionar y manipular datos de formas más especializadas, lo que te brinda mayor flexibilidad en tus programas.

Preguntas Teóricas

1. ¿Qué es una cola y en qué situaciones es útil?

2. ¿Qué es una pila y en qué situaciones es útil?

3. ¿Qué es un conjunto y en qué se diferencia de una lista?

4. ¿Cuáles son algunas de las operaciones y métodos avanzados que se pueden utilizar con las colecciones en Dart?

Ejercicios

1. Crea un programa que simule una cola de impresión, donde los trabajos de impresión se agregan a la cola y se procesan en orden FIFO.

2. Crea un programa que utilice una pila para verificar si una expresión matemática tiene paréntesis balanceados.

3. Crea un programa que elimine los elementos duplicados de una lista utilizando un conjunto.

Capítulo 39 — Programación Orientada a Objetos Avanzada en Dart

Objetivos

Al finalizar este capítulo, serás capaz de:

- Comprender el concepto de clases abstractas e interfaces.

- Aplicar la herencia y el polimorfismo en tus programas.

- Identificar y utilizar patrones de diseño comunes en Dart.

Introducción

En este capítulo, profundizaremos en la programación orientada a objetos (POO) en Dart, explorando conceptos más avanzados que te permitirán escribir código más modular, reutilizable y mantenible. Aprenderás sobre clases abstractas, interfaces, herencia, polimorfismo y patrones de diseño.

Clases Abstractas

Una clase abstracta es una clase que no puede ser instanciada directamente. Se utiliza como una plantilla para otras clases (subclases) que heredan de ella. Las clases abstractas pueden contener métodos abstractos, que son métodos que no tienen una implementación en la clase abstracta, pero que deben ser implementados por las subclases.

Ejemplo:

```dart
abstract class Animal {
  void hacerSonido();
}

class Perro extends Animal {
  @override
  void hacerSonido() {
    print('Guau!');
  }
}

class Gato extends Animal {
```

```dart
  @override

  void hacerSonido() {

    print('Miau!');

  }

}

void main() {

  // Uso de las clases y métodos

  Animal perro = Perro(); // Polimorfismo: un Animal puede ser un
Perro

  perro.hacerSonido(); // Imprime "Guau!"

  Animal gato = Gato(); // Polimorfismo: un Animal puede ser un Gato

  gato.hacerSonido(); // Imprime "Miau!"

  // Ejemplo con una lista de animales:

  List<Animal> animales = [Perro(), Gato(), Perro()];

  for (Animal animal in animales) {

    animal.hacerSonido(); // Llama al método hacerSonido() de cada
animal

  }

  // Ejemplo de uso de is para verificar el tipo y hacer un casteo
inteligente (smart cast):

  for (Animal animal in animales) {

    if (animal is Perro) { // Verifica si el animal es un Perro

      animal.hacerSonido(); // No necesita casteo, Dart sabe que es un
Perro aquí

      print("Es un perro");

    } else if (animal is Gato) { // Verifica si el animal es un Gato

      animal.hacerSonido(); // No necesita casteo, Dart sabe que es un
Gato aquí

      print("Es un gato");

    }

  }

}
```

Interfaces

Una interfaz define un conjunto de métodos que una clase debe implementar. Las interfaces se utilizan para establecer contratos entre clases, lo que promueve la modularidad y la flexibilidad.

Ejemplo:

```
abstract class Volador {

  void volar();

}

class Pajaro implements Volador {

  @override

  void volar() {

    print('El pájaro está volando.');

  }

}

class Avion implements Volador {

  @override

  void volar() {

    print('El avión está volando.');

  }

}


class SuperPato implements Volador {

  @override

  void volar() {

    print('El Super Pato está volando muy rápido!');

  }

  void aterrizar() {

    print("Super Pato aterriza suavemente.");

  }

}

void main() {
```

```
Pajaro miPajaro = Pajaro();

miPajaro.volar();


Avion miAvion = Avion();

miAvion.volar();

SuperPato miPato = SuperPato();

miPato.volar();

miPato.aterrizar();

Volador otroPajaro = Pajaro();

otroPajaro.volar();


Volador otroAvion = Avion();

otroAvion.volar();

Volador otroPato = SuperPato();

otroPato.volar();

List<Volador> voladores = [Pajaro(), Avion(), SuperPato(),
Pajaro()];


for (Volador volador in voladores) {

  volador.volar();

}

miPajaro.volar(); // Ya no es necesario el 'is'

miPato.aterrizar(); // Ya no es necesario el 'is'

for (Volador animal in voladores) {

  if (animal is Pajaro) {

    animal.volar();

    print("Es un pajaro");

  } else if (animal is Avion) {

    animal.volar();

    print("Es un avion");

  } else if (animal is SuperPato) {
```

```
      animal.volar();

      print("Es un super pato");

      SuperPato pato = animal; // Casting si es necesario

      pato.aterrizar();

    }

  }

  void hacerVolar(Volador v) {

    v.volar();

  }

  hacerVolar(miPajaro);

  hacerVolar(miAvion);

  hacerVolar(miPato);

}
```

Herencia

La herencia te permite crear nuevas clases (subclases) que heredan las propiedades y métodos de una clase existente (superclase).

Ejemplo:

```
class Animal {

  String nombre;

  Animal(this.nombre);

  void comer() {

    print('$nombre está comiendo.');

  }

}

class Perro extends Animal {

  Perro(String nombre) : super(nombre);

  void ladrar() {

    print('Guau!');

  }

}
```

```
void main() {

  Animal miAnimal = Animal("Poky"); // Ejemplo con Animal

  miAnimal.comer(); // Imprime: Poky está comiendo.

  Perro miPerro = Perro("Sutil"); // Ejemplo con Perro

  miPerro.comer(); // Imprime: Sutil está comiendo. (heredado de
Animal)

  miPerro.ladrar(); // Imprime: Guau!

  // Polimorfismo: un Animal puede ser un Perro

  Animal otroPerro = Perro("Honey");

  otroPerro.comer(); // Imprime: Honey está comiendo.

  // otroPerro.ladrar();  // Error: Animal no tiene el método ladrar()

  // Lista de animales (polimorfismo en acción)

  List<Animal> animales = [Animal("Chiquirin"), Perro("Hanster"),
Animal("Cachita")];


  for (Animal animal in animales) {

    animal.comer(); // Todos los animales pueden comer

    if (animal is Perro) { // Verificación de tipo antes de llamar a
ladrar()

      animal.ladrar(); // Solo los perros pueden ladrar

    }

  }

}
```

Polimorfismo

El polimorfismo te permite tratar objetos de diferentes clases de la
misma manera, siempre que compartan una interfaz o una superclase
común.

Ejemplo:

```
abstract class Volador {

  void volar();

}

class Pajaro implements Volador {
```

```dart
  @override

  void volar() {

    print('El pájaro está volando.');

  }

}

class Avion implements Volador {

  @override

  void volar() {

    print('El avión está volando.');

  }

}

void hacerVolar(Volador objetoVolador) {

  objetoVolador.volar();

}

void main() {

  var pajaro = Pajaro();

  hacerVolar(pajaro); // Imprime "El pájaro está volando."


  var avion = Avion();

  hacerVolar(avion); // Imprime "El avión está volando."

  // Ejemplo de lista con diferentes tipos de voladores

  List<Volador> voladores = [Pajaro(), Avion(), Pajaro()];

  for (Volador volador in voladores) {

    hacerVolar(volador); // Polimorfismo en acción

  }

}
```

Patrones de Diseño

Los patrones de diseño son soluciones generales a problemas comunes en el diseño de software. Algunos patrones de diseño comunes en Dart son:

• Singleton: Asegura que solo exista una instancia de una clase.

- Factory: Delega la creación de objetos a subclases.

- Observer: Permite que objetos observen y reaccionen a los cambios en otros objetos.

Resumen

En este capítulo, has aprendido sobre clases abstractas, interfaces, herencia, polimorfismo y patrones de diseño. Estos conceptos avanzados de POO te permiten escribir código más modular, reutilizable y mantenible.

Preguntas Teóricas

1. ¿Qué es una clase abstracta y para qué se utiliza?

2. ¿Qué es una interfaz y en qué se diferencia de una clase abstracta?

3. ¿Qué es el polimorfismo y cómo se aplica en Dart?

4. ¿Qué son los patrones de diseño y por qué son útiles?

5.

Ejercicios

6. Crea una clase abstracta Forma con un método abstracto calcularArea(). Crea dos subclases, Circulo y Rectangulo, que implementen el método calcularArea().

7. Crea una interfaz Comparable con un método compareTo(). Crea una clase Persona que implemente la interfaz Comparable para comparar personas por edad.

8. Investiga sobre el patrón de diseño Singleton y crea un ejemplo en Dart.

Capitulo 40 — async, yield Streams,

Objetivos

Al finalizar este capítulo, serás capaz de:

- Dominar el uso de Streams para procesar flujos de datos asíncronos.

- Crear generadores asíncronos utilizando async* y yield*.

- Sincronizar la ejecución de isolates con Future y Completer.

Introducción

En este capítulo, exploraremos conceptos más avanzados de asincronía en Dart, que te permitirán manejar flujos de datos, crear código asíncrono más eficiente y sincronizar la ejecución de isolates. Aprenderás sobre streams, generadores asíncronos y la sincronización con Future y Completer.

Streams

Un Stream es una secuencia de datos asíncronos. A diferencia de un Future, que representa un único valor futuro, un Stream puede emitir múltiples valores a lo largo del tiempo. Los streams son útiles para manejar eventos, flujos de datos de entrada/salida, y cualquier situación donde se reciban datos de forma continua.

Ejemplo:

```
import 'dart:async';

void main() {

 // Crea un Stream que emite los números del 1 al 5 cada segundo

  Stream<int> stream = Stream.periodic(Duration(seconds: 1), (i) => i
+ 1)

     .take(5);

 // Escucha el Stream e imprime cada valor

 stream.listen((data) {

   print(data);

 });

}
```

Operaciones con Streams:

Puedes utilizar diferentes métodos para manipular los datos de un Stream, como:

- listen(): Registra un listener para recibir los datos emitidos por el Stream.

- map(): Transforma los datos emitidos por el Stream.

- where(): Filtra los datos emitidos por el Stream.

- take(): Limita el número de datos emitidos por el Stream.

Generadores Asíncronos

Puedes crear generadores asíncronos utilizando async* y yield*. Un generador asíncrono produce una secuencia de valores de forma asíncrona, utilizando await para esperar resultados asíncronos.

Ejemplo:

```
Stream<int> numerosAsincronos(int n) async* {
  for (int i = 0; i <= n; i++) {
    await Future.delayed(Duration(milliseconds: 500)); // Reducido a
500ms para DartPad
    yield i;
  }
}
```

void main() async {

  // Escuchar el stream y mostrar los números

  await for (int numero in numerosAsincronos(5)) {

   print('Número: $numero');

  }

  print('Stream completado.');

  // Otra forma de escuchar el stream:

  numerosAsincronos(3).listen((numero) {

   print("Número (listen): $numero");

  }, onDone: () {

```
    print("Stream (listen) completado");
```

```
  });

    // Ejemplo usando asyncMap para transformar los valores del
stream:
  await for (var valor in numerosAsincronos(4).asyncMap((event) =>
event * 2)){
    print("Valor transformado: $valor");
  }
}
```

Resumen

En este capítulo, has aprendido a trabajar con Streams para manejar flujos de datos asíncronos, crear generadores asíncronos y sincronizar la ejecución de isolates. Estas herramientas te permiten escribir código asíncrono más complejo y eficiente.

Preguntas Teóricas

1. ¿Qué es un Stream y en qué se diferencia de un Future?

2. ¿Cómo se crea un Stream en Dart?

3. ¿Cómo se utiliza async* y yield* para crear un generador asíncrono?

4. ¿Cómo se puede utilizar Future y Completer para sincronizar isolates?

5.

Ejercicios

1. Crea un programa que utilice un Stream para leer datos de un archivo de texto línea por línea.

2. Crea un generador asíncrono que genere números primos de forma asíncrona.

3. Escribe un programa que utilice Future y Completer para sincronizar la ejecución de dos isolates que realizan cálculos en paralelo.

Capítulo 41 — Pruebas Unitarias

Objetivos

Al finalizar este capítulo, serás capaz de:

- Comprender la importancia de las pruebas unitarias en el desarrollo de software.

- Escribir pruebas unitarias para tus funciones, métodos y clases en Dart.

- Utilizar la librería test para ejecutar pruebas unitarias.

- Aplicar las mejores prácticas para escribir pruebas unitarias efectivas.

Introducción

Las pruebas unitarias son una parte fundamental del desarrollo de software. Te permiten verificar que las unidades individuales de tu código (funciones, métodos, clases) funcionan correctamente de forma aislada. Esto ayuda a detectar errores temprano en el proceso de desarrollo, mejorar la calidad del código y facilitar el mantenimiento. En este capítulo, aprenderás a escribir pruebas unitarias en Dart utilizando la librería test.

¿Por qué son Importantes las Pruebas Unitarias?

- Detectar errores temprano: Las pruebas unitarias te permiten encontrar errores en tu código antes de que se conviertan en problemas mayores.

- Mejorar la calidad del código: Al escribir pruebas unitarias, te obligas a pensar en cómo se utilizará tu código y a cubrir diferentes casos de uso.

- Facilitar el mantenimiento: Las pruebas unitarias te dan la confianza de que los cambios en el código no rompen la funcionalidad existente.

- Documentar el código: Las pruebas unitarias pueden servir como documentación del código, mostrando cómo se espera que funcione.

Escribiendo Pruebas Unitarias

Para escribir pruebas unitarias en Dart, puedes utilizar la librería test.

Ejemplo:

```
import 'package:test/test.dart';

int sumar(int a, int b) => a + b;
```

```dart
void main() {
  group('Pruebas de la función sumar', () {
    test('Sumar dos números positivos', () {
      expect(sumar(2, 3), 5);
    });
    test('Sumar dos números negativos', () {
      expect(sumar(-2, -3), -5);
    });
    test('Sumar un número positivo y uno negativo', () {
      expect(sumar(5, -2), 3);
    });
      test('Sumar cero', () {
        expect(sumar(5, 0), 5);
      });

      // Test con argumentos nombrados (opcional, si la función los soporta)
      // test('Sumar con argumentos nombrados', () {
      //   expect(sumar(a: 2, b: 3), 5); // Si la función soportara argumentos nombrados
      // });

      // Test para comprobar si la función lanza una excepción (opcional)
      // test('Lanzar excepción si los argumentos son nulos', () {
      //   expect(() => sumar(null, 3), throwsA(TypeMatcher<NoSuchMethodError>())); // Ejemplo
      // });
  });
}
```

En este ejemplo, se define una función sumar() y una prueba unitaria que verifica que la función devuelve el resultado esperado.

Estructura de una Prueba Unitaria

Una prueba unitaria generalmente tiene la siguiente estructura:

1. Importar la librería test: import 'package:test/test.dart';

2. Definir la función main(): void main() { ... }

3. Utilizar la función test(): test('Descripción de la prueba', () { ... });

4. Utilizar la función expect(): expect(valorActual, matcher);

Matchers

Los matchers son funciones que se utilizan para comparar valores en las pruebas unitarias. Algunos matchers comunes son:

- equals: Verifica si dos valores son iguales.

- isNot: Verifica si dos valores son diferentes.

- isTrue: Verifica si un valor es verdadero.

- isFalse: Verifica si un valor es falso.

- isNull: Verifica si un valor es nulo.

Buenas Prácticas para las Pruebas Unitarias

- Escribe pruebas claras y concisas.

- Cubre diferentes casos de uso.

- Utiliza nombres descriptivos para las pruebas.

- Mantén las pruebas actualizadas.

Resumen

Las pruebas unitarias son una herramienta esencial para el desarrollo de software de calidad. En Dart, puedes utilizar la librería test para escribir pruebas unitarias para tus funciones, métodos y clases. Escribir pruebas unitarias te permite detectar errores temprano, mejorar la calidad del código y facilitar el mantenimiento.

Preguntas Teóricas

1. ¿Qué son las pruebas unitarias y por qué son importantes?

2. ¿Cómo se escribe una prueba unitaria en Dart?

3. ¿Qué es un matcher?

4. ¿Cuáles son algunas de las mejores prácticas para escribir pruebas unitarias?

Ejercicios

5. Escribe pruebas unitarias para una función que calcule el factorial de un número.

6. Escribe pruebas unitarias para una clase que represente una pila.

7. Investiga sobre diferentes tipos de matchers en la librería test.

Capítulo 42 — Trabajo con Archivos en Dart

Objetivos

Al finalizar este capítulo, serás capaz de:

- Leer y escribir archivos de texto utilizando la clase File.

- Trabajar con archivos binarios en Dart.

- Manipular directorios con la clase Directory.

Introducción

El manejo de archivos es una tarea común en la programación. Dart proporciona un conjunto de clases para trabajar con archivos y directorios, permitiéndote leer y escribir datos en archivos de texto, trabajar con archivos binarios y manipular directorios. En este capítulo, exploraremos cómo utilizar estas clases para interactuar con el sistema de archivos.

Leyendo y Escribiendo Archivos de Texto

La clase File en Dart te permite trabajar con archivos. Puedes utilizar los siguientes métodos para leer y escribir archivos de texto:

- readAsStringSync(): Lee el contenido completo de un archivo como una cadena de texto.

- readAsLinesSync(): Lee el contenido de un archivo como una lista de líneas.

- writeAsStringSync(): Escribe una cadena de texto en un archivo.

- writeAsLinesSync(): Escribe una lista de líneas en un archivo.

Ejemplo:

```
import 'dart:io';
void main() {
  // Leer el contenido de un archivo
  var archivo = File('mi_archivo.txt');
  String contenido = archivo.readAsStringSync();
  print(contenido);
  // Escribir en un archivo
  var nuevoArchivo = File('nuevo_archivo.txt');
```

```
nuevoArchivo.writeAsStringSync('Este es el nuevo contenido.');
}
```

Trabajando con Archivos Binarios

Para trabajar con archivos binarios, puedes utilizar los métodos readAsBytesSync() y
`writeAsBytesSync()` de la clase File.

Ejemplo:

```
import 'dart:io';
void main() {
  // Leer un archivo binario
  var archivo = File('imagen.jpg');
  List<int> bytes = archivo.readAsBytesSync();
  // Escribir un archivo binario
  var nuevoArchivo = File('copia_imagen.jpg');
  nuevoArchivo.writeAsBytesSync(bytes);
}
```

Manipulando Directorios

La clase Directory te permite trabajar con directorios. Puedes utilizar los siguientes
métodos:

• createSync(): Crea un nuevo directorio.

• deleteSync(): Elimina un directorio.

• listSync(): Obtiene una lista de los archivos y subdirectorios en un directorio.

• renameSync(): Cambia el nombre de un directorio.

Ejemplo:

```
import 'dart:io';
void main() {
  // Crear un nuevo directorio
  Directory('mi_directorio').createSync();


  // Listar los archivos y subdirectorios
```

```
var directorio = Directory('.'); // Directorio actual

List<FileSystemEntity> elementos = directorio.listSync();


for (var elemento in elementos) {

  print(elemento.path);

}

}
```

Resumen

En este capítulo, has aprendido a trabajar con archivos y directorios en Dart. Puedes leer y escribir archivos de texto, trabajar con archivos binarios y manipular directorios. Estas habilidades son esenciales para interactuar con el sistema de archivos y gestionar datos persistentes en tus aplicaciones.

Preguntas Teóricas

1. ¿Cuál es la diferencia entre un archivo de texto y un archivo binario?

2. ¿Cómo se lee el contenido de un archivo de texto en Dart?

3. ¿Cómo se escribe en un archivo de texto en Dart?

4. ¿Cómo se crea un nuevo directorio en Dart?

5. ¿Cómo se obtiene una lista de los archivos y subdirectorios en un directorio?

Ejercicios

6. Crea un programa que lea un archivo de texto, cuente el número de palabras y escriba el resultado en un nuevo archivo.

7. Crea un programa que copie un archivo binario a una nueva ubicación.

8. Crea un programa que liste todos los archivos y subdirectorios en un directorio especificado por el usuario.

Capítulo 43 — Creación y conexión a Bases de Datos

Objetivos

Al finalizar este capítulo, serás capaz de:

- Comprender la importancia de las bases de datos en el desarrollo de aplicaciones.

- Conectar a una base de datos SQLite utilizando el paquete sqflite.

- Realizar operaciones básicas en la base de datos, como crear tablas, insertar datos, consultar datos y actualizar datos.

Introducción

Las bases de datos son esenciales para almacenar y gestionar datos persistentes en las aplicaciones. Dart ofrece diferentes opciones para trabajar con bases de datos, incluyendo SQLite, una base de datos ligera y embebida que es ideal para aplicaciones móviles. En este capítulo, exploraremos cómo conectar a una base de datos SQLite en Dart utilizando el paquete sqflite.

SQLite

SQLite es una base de datos relacional embebida que se almacena en un único archivo. Es popular por su simplicidad, portabilidad y eficiencia, lo que la hace ideal para aplicaciones móviles y dispositivos con recursos limitados.

El Paquete sqflite

El paquete sqflite proporciona una API para trabajar con bases de datos SQLite en Dart. Para utilizar este paquete, debes agregarlo como dependencia en tu archivo pubspec.yaml:

YAML

```
dependencies:
  sqflite: ^2.0.2
```

Luego, puedes importarlo en tu código Dart:

```
import 'package:sqflite/sqflite.dart';
```

Conectando a la Base de Datos

Para conectar a la base de datos, puedes utilizar el método openDatabase() del paquete sqflite.

Ejemplo:

```dart
import 'package:sqflite/sqflite.dart';

void main() async {
  var db = await openDatabase('mi_base_de_datos.db');
}
```

Operaciones Básicas en la Base de Datos

Puedes utilizar los siguientes métodos para realizar operaciones en la base de datos:

- execute(): Ejecuta una sentencia SQL, como CREATE TABLE, INSERT, UPDATE o DELETE.

- query(): Ejecuta una consulta SELECT y devuelve una lista de mapas que representan las filas de resultados.

- rawInsert(), rawUpdate(), rawDelete(): Ejecutan sentencias SQL crudas.

Ejemplo:

```dart
import 'package:sqflite/sqflite.dart';

void main() async {
  var db = await openDatabase('mi_base_de_datos.db');
  // Crear una tabla
  await db.execute(
      'CREATE TABLE usuarios (id INTEGER PRIMARY KEY, nombre TEXT, edad INTEGER)');
  // Insertar datos
  await db.insert('usuarios', {'nombre': 'Minita', 'edad': 30});
  await db.insert('usuarios', {'nombre': 'Oliver', 'edad': 25});
  // Consultar datos
  List<Map> usuarios = await db.query('usuarios');
  print(usuarios);
  // Actualizar datos
  await db.update('usuarios', {'edad': 31}, where: 'nombre = ?',
  whereArgs: ['']);
}
```

228

Creando base de datos Sqlite en Dart

Código Dart para la base de datos SQLite

```dart
import 'package:sqflite/sqflite.dart';

import 'package:path_provider/path_provider.dart';

import 'package:path/path.dart';

class DatabaseHelper {

  static Database? _database; // Variable para almacenar la instancia
de la base de datos

  static final DatabaseHelper instance = DatabaseHelper._internal(); //
Constructor privado para singleton


  factory DatabaseHelper() {

    return instance;

  }

  DatabaseHelper._internal(); // Constructor privado

  Future<Database> get database async {

    if (_database != null) {

      return _database!; // Si ya existe una instancia, la devuelve

    }

    _database = await _initDatabase(); // Si no existe, inicializa la
base de datos

    return _database!;

  }

  Future<Database> _initDatabase() async {

    Directory directory = await getApplicationDocumentsDirectory(); //
Obtiene el directorio de documentos de la app

    String path = join(directory.path, 'mi_base_de_datos.db'); // Define
la ruta y nombre del archivo de la base de datos

    return await openDatabase(path, version: 1, onCreate: _createDb);
// Abre o crea la base de datos

  }

  void _createDb(Database db, int version) async {
```

```dart
  await db.execute('''

    CREATE TABLE usuarios(

      id INTEGER PRIMARY KEY AUTOINCREMENT,

      nombre TEXT NOT NULL,

      edad INTEGER

    )

  '''); // Ejecuta la sentencia SQL para crear la tabla usuarios

}

// Métodos para operaciones CRUD (Crear, Leer, Actualizar, Eliminar)

Future<int> insertarUsuario(Map<String, dynamic> usuario) async {

  final db = await database;

  return await db.insert('usuarios', usuario);

}

Future<List<Map<String, dynamic>>> obtenerUsuarios() async {

  final db = await database;

  return await db.query('usuarios');

}

  Future<int> actualizarUsuario(Map<String, dynamic> usuario, int id)
async {

  final db = await database;

  return await db.update('usuarios', usuario, where: 'id = ?',
whereArgs: [id]);

  }

  Future<int> eliminarUsuario(int id) async {

  final db = await database;

  return await db.delete('usuarios', where: 'id = ?', whereArgs:
[id]);

  }

}
```

Explicación detallada

1. **Importaciones:** Se importan los paquetes sqflite, path_provider y path necesarios.

2. Clase DatabaseHelper:

- ○ _database: Almacena la instancia de la base de datos.

- ○ instance: Proporciona una única instancia de DatabaseHelper (singleton).

- ○ database: Devuelve la instancia de la base de datos, inicializándola si es necesario.

- ○ _initDatabase(): Inicializa la base de datos, definiendo la ruta y abriéndola o creándola.

- ○ _createDb(): Ejecuta sentencias SQL para crear las tablas (se llama solo una vez cuando se crea la base de datos).

3. **Métodos CRUD:** Se definen métodos para realizar operaciones básicas en la base de datos: insertar, obtener, actualizar y eliminar usuarios.

Pasos para usar la base de datos

1. Obtén una instancia de DatabaseHelper:

final dbHelper = DatabaseHelper();

2. Accede a la base de datos:

final db = await dbHelper.database;

3. Llama a los métodos CRUD para realizar operaciones:

final id = await dbHelper.insertarUsuario({'nombre': 'Juan', 'edad': 30});

final usuarios = await dbHelper.obtenerUsuarios();

Recuerda

- Debes añadir las dependencias sqflite y path_provider en tu archivo pubspec.yaml.

- Este código es un ejemplo básico. Puedes agregar más tablas, columnas y métodos según tus necesidades.

```
import 'package:flutter/material.dart';

import 'package:sqflite/sqflite.dart';

import 'package:path_provider/path_provider.dart';

import 'package:path/path.dart';

class DatabaseHelper {
```

```dart
  // ... (Código de la clase DatabaseHelper como se definió
anteriormente)
}

class MyHomePage extends StatefulWidget {
  @override
  _MyHomePageState createState() => _MyHomePageState();
}

class _MyHomePageState extends State<MyHomePage> {
  final dbHelper = DatabaseHelper();
  List<Map<String, dynamic>> _usuarios = [];
  @override
  void initState() {
    super.initState();
    _cargarUsuarios(); // Carga los usuarios al iniciar el widget
  }
  Future<void> _cargarUsuarios() async {
    final usuarios = await dbHelper.obtenerUsuarios();
    setState(() {
      _usuarios = usuarios;
    });
  }
  @override
  Widget build(BuildContext context) {
    return Scaffold(
      appBar: AppBar(
        title: Text('Base de datos SQLite'),
      ),
      body: ListView.builder(
        itemCount: _usuarios.length,
        itemBuilder: (context, index) {
          final usuario = _usuarios[index];
```

```
        return ListTile(

          title: Text(usuario['nombre']),

          subtitle: Text('Edad: ${usuario['edad']}'),

        );

      },

    ),

    floatingActionButton: FloatingActionButton(

      onPressed: () async {

        // Insertar un nuevo usuario

        await dbHelper.insertarUsuario({'nombre': 'Nuevo usuario',
'edad': 25});

        _cargarUsuarios(); // Recargar la lista de usuarios

      },

      child: Icon(Icons.add),

    ),

  );

  }

}
```

Explicación del código de Flutter

1. **MyHomePage:** Este widget representa la página principal de la aplicación.

2. **_usuarios**: Esta lista almacenará los usuarios obtenidos de la base de datos.

3. **initState()**: Este método se llama al iniciar el widget. Aquí se llama a _cargarUsuarios() para obtener los datos de la base de datos y mostrarlos en la lista.

4. **_cargarUsuarios()**: Este método llama a dbHelper.obtenerUsuarios() para obtener los usuarios de la base de datos y actualiza el estado del widget para que se muestren los datos.

5. **ListView.builder**: Este widget crea una lista de elementos a partir de los datos de _usuarios.

6. **FloatingActionButton**: Este botón permite agregar un nuevo usuario a la base de datos. Al presionarlo, se llama a dbHelper.insertarUsuario() y luego se vuelve a llamar a _cargarUsuarios() para actualizar la lista.

Para usar este código

1. Crea un nuevo proyecto de Flutter.

2. Reemplaza el contenido del archivo main.dart con este código.

3. Asegúrate de tener las dependencias sqflite, path_provider y path en tu archivo pubspec.yaml.

4. Ejecuta la aplicación.

Ahora deberías ver una lista vacía (al principio) y un botón para agregar usuarios. Al agregar usuarios, la lista se actualizará automáticamente con los nuevos datos de la base de datos.

Este es un ejemplo básico, pero te da una idea de cómo usar la base de datos SQLite en una aplicación Flutter. Puedes agregar más funcionalidades, como editar y eliminar usuarios, y personalizar la interfaz de usuario según tus necesidades.

Resumen

En este capítulo, has aprendido a conectar a una base de datos SQLite en Dart utilizando el paquete sqflite. Puedes realizar operaciones básicas en la base de datos, como crear tablas, insertar datos, consultar datos y actualizar datos. Las bases de datos son esenciales para almacenar y gestionar datos persistentes en las aplicaciones.

Preguntas Teóricas

1. ¿Qué es una base de datos y para qué se utiliza?

2. ¿Qué es SQLite y cuáles son sus ventajas?

3. ¿Cómo se conecta a una base de datos SQLite en Dart?

4. ¿Cuáles son las operaciones básicas que se pueden realizar en una base de datos SQLite?

Ejercicios

5. Crea una base de datos SQLite y una tabla para almacenar información sobre libros (título, autor, año de publicación).

6. Escribe un programa que inserte algunos libros en la tabla.

7. Escribe un programa que consulte la tabla y muestre la información de todos los libros.

8. Escribe un programa que actualice la información de un libro en la tabla.

Glosario

- **abstract:** Define una clase abstracta que no puede ser instanciada directamente.

- **AOT (Ahead of Time):** Técnica de compilación que traduce el código Dart a código nativo antes de la ejecución para mejorar el rendimiento.

- **Android Studio:** IDE recomendado para el desarrollo de aplicaciones Flutter, que incluye herramientas de compilación, depuración y diseño de UI.

- **as:** Palabra clave usada para conversiones de tipo.

- **assert:** Se utiliza para realizar afirmaciones en tiempo de ejecución.

- **async:** Indica que una función es asíncrona.

- **async* y yield*:** Palabras clave para definir generadores asíncronos.

- **AVD Manager:** Herramienta para administrar emuladores en Android Studio.

- **await:** Se utiliza para esperar el resultado de una operación asíncrona.

- **Bark Larry:** Uno de los desarrolladores principales de Dart en Google.

- **break:** Palabra clave que finaliza la ejecución de un bucle.

- **BuildContext:** Representación del árbol de widgets en Flutter.

- **case:** Define una opción en una estructura switch.

- **catch:** Captura una excepción.

- **class:** Define una clase.

- **Clases abstractas:** Clases que no pueden instanciarse y sirven como plantillas para otras clases.

- **Clases selladas (sealed):** Clases que restringen las clases que pueden heredar de ellas.

- **Código abierto (Open Source):** Software cuyo código fuente está disponible públicamente y puede ser modificado y distribuido.

- **Código limpio:** Código que es fácil de leer, entender y mantener.

- **Código fuente:** Texto legible por humanos que contiene las instrucciones de un programa.

- **Colecciones:** Estructuras de datos que almacenan conjuntos de valores, como List, Set, Map y Queue.

- **Compilación:** Proceso de traducción del código fuente a un código ejecutable.

- **Compilación Just In Time (JIT):** Técnica de compilación que traduce el código Dart a código máquina en tiempo de ejecución.

- **Concatenación:** Unión de cadenas de texto.

- **const:** Define una constante en tiempo de compilación.

- **Constructor:** Método especial que inicializa un objeto.

- **Constructor con nombre:** Define múltiples constructores en una clase.

- **Constructor con parámetros:** Constructor que recibe valores para inicializar atributos.

- **Constructor constante:** Crea objetos inmutables con valores conocidos en tiempo de compilación.

- **Constructor de fábrica:** Constructor especial que devuelve una instancia de una clase en función de ciertos parámetros.

- **Constructor predeterminado:** Constructor generado automáticamente si no se define uno explícitamente.

- **continue:** Salta a la siguiente iteración de un bucle.

- **Cupertino:** Conjunto de widgets diseñados para iOS en Flutter.

- **Dart:** Lenguaje de programación utilizado en Flutter.

- **Dart Plugin:** Extensión para Android Studio que permite trabajar con Dart.

- **deferred:** Se utiliza para la carga diferida de bibliotecas.

- **Dependencias:** Paquetes o librerías externas utilizadas en un proyecto Dart.

- **Depuración USB:** Opción que permite conectar dispositivos físicos para ejecutar aplicaciones Flutter.

- **Directory:** Clase de Dart para trabajar con directorios.

- **do:** Define un bucle do-while.

- **double:** Tipo de dato para números decimales.

- **dynamic:** Tipo de dato dinámico, que puede contener cualquier valor.

- **else:** Define el bloque de código a ejecutar si una condición es falsa.

- **Emulador:** Dispositivo virtual para probar aplicaciones sin un dispositivo físico.

- **Encapsulación:** Principio de ocultar los detalles internos de una clase y exponer solo lo necesario mediante métodos públicos.

- **enum:** Define una enumeración.

- **Expect():** Función utilizada para comparar valores en pruebas unitarias.

- **extends:** Indica que una clase hereda de otra.

- **extension:** Define una extensión que añade funcionalidades a una clase.

- **external:** Indica que un miembro está definido externamente.

- **factory:** Define un constructor de fábrica.

- **false:** Representa el valor booleano falso.

- **File:** Clase de Dart para trabajar con archivos.

- **final:** Define una variable que solo puede ser asignada una vez.

- **finally:** Define un bloque de código que se ejecuta siempre en un bloque try-catch.

- **Flutter:** SDK de código abierto desarrollado por Google para crear aplicaciones multiplataforma.

- **Flutter Plugin:** Complemento necesario en Android Studio para desarrollar en Flutter.

- **flutter doctor:** Comando de Flutter que verifica la configuración del entorno de desarrollo y detecta problemas en la instalación.

- **flutter run:** Comando para ejecutar una aplicación Flutter en un emulador o dispositivo físico.

- **for:** Define un bucle for.

- **for, while, do-while:** Bucles en Dart para iterar sobre estructuras de datos o ejecutar código repetidamente.

- **Function:** Representa el tipo de dato de una función.

- **Future:** Representación de un valor que estará disponible en el futuro.

- **get:** Define un getter.

- **Gilad Bracha:** Uno de los creadores de Dart y líder en su desarrollo.

- **Herencia:** Mecanismo que permite que una clase herede propiedades y métodos de otra.

- **hide:** Oculta miembros al importar una biblioteca.

- **Hot Reload:** Función que permite ver cambios en la aplicación en tiempo real sin reiniciar.

- **if:** Define una estructura condicional.

- **if-else:** Estructura de control para evaluar condiciones en Dart.

- **implements:** Indica que una clase implementa una interfaz.

- **import:** Importa una biblioteca.

- **in:** Se utiliza en bucles for-in.

- **insert(), update(), delete():** Métodos para manipular datos en una base de datos SQLite.

- **Interfaces:** Definen un conjunto de métodos que una clase debe implementar.

- **int:** Tipo de dato para números enteros.

- **is:** Verifica si un objeto es de un tipo determinado.

- **Kasper Lund:** Co-creador de Dart y colaborador en su diseño y evolución.

- **lib/main.dart:** Archivo principal de una aplicación Flutter.

- **listen():** Método para recibir datos de un Stream.

- **listSync():** Método para obtener una lista de archivos y carpetas en un directorio.

- **Matchers:** Comparadores utilizados en pruebas unitarias (ejemplo: equals, isNot, isNull).

- **map(), where(), reduce():** Métodos para manipular listas y colecciones en Dart.

- **Material Design:** Estándar de diseño utilizado en Flutter para interfaces atractivas.

- **mixin:** Define un mixin.

- **new:** Crea una nueva instancia de una clase.

- **null:** Representa la ausencia de valor.

- **on:** Se utiliza en bloques catch para especificar el tipo de excepción.

- **operator:** Define un operador.

- **override:** Indica que un método está sobrescribiendo una implementación en la superclase.

- **PATH:** Variable de entorno donde se debe agregar la ruta del SDK de Flutter.

- **Polimorfismo:** Capacidad de una función o método para comportarse de diferentes maneras según el tipo de objeto.

- **Pruebas unitarias:** Validación de pequeñas unidades de código para garantizar su correcto funcionamiento.

- **return:** Devuelve un valor de una función.

- **static:** Define un miembro estático.

- **super:** Se refiere a la superclase.

- **switch:** Estructura de control que evalúa una variable contra múltiples casos.

- **typedef:** Define un alias de tipo.

- **var:** Declara una variable con tipo inferido.

- **void:** Indica que una función no devuelve ningún valor.

- **White:** Palabra reservada en Dart.

- **Widgets:** Componentes reutilizables que construyen la interfaz de usuario en Flutter.

- **writeAsStringSync():** Método para escribir archivos de texto.

- **Yield Se utiliza en el contexto de generadores, que son funciones que pueden producir una secuencia de valores (un Stream) de forma diferida, es decir, uno a la vez, según se necesiten.**

Ejemplo: Yield

```
Stream<int> numerosHasta(int n) async* {
  for (int i = 1; i <= n; i++) {
    yield i;
  }
}
void main() async {
  await for (int numero in numerosHasta(5)) {
    print(numero);
  }
}
```

En este ejemplo:

1. numerosHasta(5) es una función generadora que devuelve un Stream de números enteros desde 1 hasta 5.

2. El bucle for itera sobre el Stream que devuelve numerosHasta(5).

3. En cada iteración, se solicita un valor al Stream.

4. La función generadora se ejecuta hasta que encuentra una instrucción yield i.

5. El valor de i se emite y se imprime en la consola.

6. La función generadora se pausa y espera a que se solicite el siguiente valor.

¿Cuándo usar yield?

yield se utiliza principalmente cuando se necesita generar una secuencia de valores de forma diferida, especialmente cuando la secuencia puede ser muy grande o cuando los valores se generan dinámicamente.

Ventajas de usar yield:

- **Eficiencia:** Los valores se generan solo cuando se necesitan, lo que puede ahorrar memoria y tiempo de procesamiento.

- **Flexibilidad:** Se pueden generar secuencias infinitas de valores.

- **Legibilidad:** El código puede ser más conciso y fácil de entender que si se utilizara un enfoque iterativo tradicional.

—Fin—

Conclusión

A lo largo de este libro, has explorado los fundamentos y las características clave del lenguaje de programación Dart. Desde los conceptos básicos de variables, tipos de datos y operadores, hasta temas más avanzados como la programación orientada a objetos, la asincronía y la concurrencia, has adquirido las herramientas necesarias para comenzar a desarrollar aplicaciones con Dart.

Dart se destaca por su versatilidad, eficiencia y facilidad de aprendizaje. Su sintaxis clara y concisa, junto con su potente conjunto de bibliotecas y herramientas, lo convierten en una opción ideal para una variedad de proyectos, desde aplicaciones web y móviles hasta scripts de servidor y aplicaciones de escritorio.

Recuerda que la clave para dominar cualquier lenguaje de programación es la práctica. Te animo a que continúes explorando Dart, experimentando con los ejemplos de este libro, creando tus propios proyectos y participando en la comunidad de Dart.

A medida que profundices en el lenguaje, descubrirás nuevas posibilidades y podrás construir aplicaciones cada vez más sofisticadas. No dudes en consultar la documentación oficial de Dart y otros recursos online para ampliar tus conocimientos y mantenerte actualizado con las últimas novedades del lenguaje.

Si tu objetivo es el desarrollo de aplicaciones móviles multiplataforma, Flutter, el SDK de Google que utiliza Dart como lenguaje principal, te espera con un mundo de posibilidades. Con Flutter, puedes crear interfaces de usuario atractivas y nativas para iOS, Android, web y escritorio con una única base de código.

Puedes estudiar los otros libros de la serie sobre Dart, Flutter y Android Studio; del mismo autor y que están disponibles en Amazon.com

¡Te deseo mucho éxito en tu viaje de aprendizaje y desarrollo con Dart!

El Autor